Plato's Republic I

Greek Text with Facing Vocabulary and Commentary

Geoffrey Steadman

Plato's Republic I
Greek Text with Facing Vocabulary and Commentary

First Edition

© 2011 by Geoffrey D. Steadman

Revised June 2011, February 2012, July 2012

The Greek text is the edition by John Burnet, first published by Oxford University Press in 1903.

ISBN-13: 978-0-9843065-4-1
ISBN-10: 0-9843065-4-4

Published by Geoffrey Steadman
Cover Design: David Steadman

Fonts: Times New Roman, SPIonic, GFS Porson

geoffreysteadman@gmail.com

Table of Contents

Republic Book 1

    Justice is telling the truth and paying what one owes

    Justice is helping friends and harming enemies

    Justice is the advantage of the stronger

Preface to the Series

The aim of this commentary is to make Plato's *Republic Book I* as accessible as possible to intermediate level Greek readers so that they may experience the joy, insight, and lasting influence that comes from reading one of greatest works in classical antiquity in the original Greek.

Facing each of the 44 pages of the Greek text (Burnet's Oxford Classical Text) is a single page of commentary divided into halves. The top half includes all of the corresponding vocabulary that occur five or fewer times in the dialogue, arranged alphabetically in two columns. The bottom half is devoted to grammatical notes, which are organized according to the Stephanus page numbers (see Abbreviations) and likewise arranged in two columns. The advantage of this format is that it allows me to include as much information as possible on a single page and at the same time insure that the numerous commentary entries are distinct and accessible to readers.

To complement the vocabulary within the commentary, I have added a Running Core Vocabulary List at the beginning of this commentary that includes all words occurring six or more times arranged in the order in which they first occur in the dialogue. An alphabetized form of this list can be found in the glossary. Together, this book has been designed in such a way that, once readers have reviewed and mastered the Running Core List, they will be able to rely solely on the Greek text and facing commentary and not need to turn a page or consult outside dictionaries as they read.

The grammatical notes are designed to help beginning readers read the text, and so I have passed over detailed literary and philosophical explanations in favor of short, concise, and frequent entries that focus exclusively on grammar and morphology. The notes are intended to complement, not replace, an advanced level commentary, and so I encourage readers to consult some of the additional readings listed in the bibliography. Assuming that readers finish elementary Greek with varying levels of ability, I draw attention to subjunctive and optative constructions, identify unusual aorist and perfect forms, and in general explain aspects of the Greek that they should have encountered in first year study but perhaps forgotten. As a rule, I prefer to offer too much assistance rather than too little.

Print on Demand Books

This volume is a self-published, print-on-demand (POD) book, and as such it gives its author distinct freedoms and limitations that are not found in traditional publications. After writing this commentary, I simply purchased an ISBN number (the owner is *de facto* the publisher) and submitted a digital copy for printing. The most significant limitation of a POD book is that it has not undergone extensive peer-review or general editing. This is a serious shortcoming that should make readers wary. Because there are so many vocabulary and commentary entries, there are sure to be typographical and factual errors that an extra pair of eyes would have spotted immediately. Until all of the mistakes have been identified and corrected, I hope the reader will excuse the occasional error.

The benefits of POD, however, outweigh the costs. This commentary and others in the series simply would not exist without POD. Since there is no traditional publisher acting as a middle man, there is no one to deny publication of this work because it may not be profitable *for the publisher*. In addition, since the production costs are so low and there is no standing inventory of unsold books, I am able to offer this book at a low price. Finally, since this book is no more than a .pdf file waiting to be printed, I am able to make corrections and place a revised edition of a POD book for sale as often as I want. In this regard, we should liken PODs to software instead of traditional typeset books. Although the first edition of a POD may not be as polished as a traditional book, I am able to respond very quickly to readers' recommendations and criticisms and create an emended and augmented POD that is far superior to previous editions. Consider, therefore, what you hold in your hand as an inexpensive beta version of the commentary. If you would like to recommend changes to this volume or download a free .pdf copy, please contact me at the addresses below.

I am grateful to Todd Jones, Ryan Proctor, and Scott Schreiber for their astute observations, which have led to a number of revisions throughout this volume.

Geoffrey Steadman Ph.D.
geoffreysteadman@gmail.com
www.geoffreysteadman.com

The Dramatic Opening to the *Republic* Book I

The *Republic* is not a dialogue. It is a recollection of a dialogue. It begins as Socrates recalls an extraordinarily long conversation that he had had on just the previous day. This introduction would seem to defy credulity, if it were not for the fact that Socrates is speaking during a festival in honor of an unnamed goddess—revealed only at the end of Book I to be the Thracian Bendis. On occasions such as the Panathenaic festival, it was common for rhapsodes to recite from memory the *Iliad* and *Odyssey* for Athenian audiences. Socrates, it appears, begins the *Republic* as a rhapsode—one with an account that promises to be just as memorable as the epics of his own age.

One of the conventions of epic poetry is to place added significance on the first word in the poem. In the *Iliad*, the word is appropriately μῆνιν, "wrath," and in the *Odyssey* the word is ἄνδρα, "man." In the *Republic*, it is κατέβην, "I descended," a word that resonates with readers familiar with the later books in the *Republic*. Many will recall the first half of the Allegory of the Cave and its description of the soul's ascent from darkness to the light, but few give equal attention to the second half of the allegory, the descent of the enlightened man back into the cave (517a). His eyes unaccustomed to the dark, his steps are unsure, and to the prisoners his education makes him unsuitable for life among the shadows. He tries to persuade others to join him in the ascent, but they refuse to follow his example and instead wish to kill him. The descent is at once an acknowledgement of the seemingly impractical nature of the enlightened man (his eyes need time to adjust to the darkness) and of the challenge that awaits him when he attempts to persuade others to follow his lead.

It is tempting to view Socrates' description of his descent from Athens to the port city of Piraeus in light of the Allegory of the Cave. First, there are the physical similarities. During the second half of the 5th century, long walls enclosed the entire five-mile road that stretched from Athens to the port, and the cities themselves were also contained within walls. In addition, the Piraeus was regarded as a bastion for democratic politics. In 403 B.C., for example, it was in Piraeus where the revolt which overthrew the oligarchic Thirty Tyrants and reestablished democratic rule first took hold. And so, when Socrates says "I descended yesterday to Piraeus," it is not difficult for readers familiar with the *Republic* to envision Socrates' descent between the long walls as the enlightened man's return to the cave and the dwellers within.

Another telling piece of evidence is Socrates' initial conversation with Polemarchus, a wealthy supporter of the democracy and brother of the famous speechwriter Lysias. After witnessing the opening procession in the festival, Socrates is about to return to Athens accompanied by Glaucon, Plato's brother, when he is stopped by Polemarchus and his entourage and invited to stay in Piraeus at Polemarchus' house. In a veiled threat, Polemarchus says "Do you see how many we are?...Either then become stronger than these or remain here." When Socrates objects that one option still is left, namely that he and Glaucon persuade Polemarchus to let them go home, Polemarchus says that they will not be able to persuade (πείσωμεν) him if he does not listen (327c7-12). This oddly inappropriate exchange between host and guest highlights the contrast between the descending philosopher who advocates dialogue and persuasion and a denizen of the Piraeus, who makes decisions based on the democratic calculus of mass opinion, strength in numbers, and its resulting force.

Finally, the third and most pervasive point of correspondence between the allegory and Socrates' descent is the lack of success Socrates has persuading others at Polemarchus' house. Polite conversation quickly gives way to a discussion of δικαιοσύνη, a word that denotes "right action" in general but for practical purposes we shall call "justice." For most of Book I, Socrates examines and eventually dismisses popular concepts of justice presented by Cephalus, his son Polemarchus, and finally Thrasymachus. Although Socrates prevails over each man in argument, no one is persuaded. After Cephalus, the self-proclaimed lover of λόγοι (328d3-4), excuses himself from his conversation with Socrates to finish a sacrifice, he never returns. His son Polemarchus, who fares no better than his father in defending his own view of justice, is replaced in the discussion by Thrasymachus and does not seem the least contrite. Finally, Thrasymachus, initially so full of bluster and rage, is silenced by the end of Book I, but he too seems less to have changed his mind than to have abandoned the conversation altogether. In fact, even Plato's own brothers, Glaucon and Adeimantus, who are present throughout Book I and will become Socrates' main interlocutors for the remainder of the *Republic*, are dissatisfied with the outcome. At the beginning of Book II Socrates continues his recollection and says:

> When I said this, I thought I had done with the discussion, but it turned out
> to have been only a prelude. Glaucon showed his characteristic courage on
> this occasion too and refused to accept Thrasymachus' abandonment of the
> argument. Socrates, he said, do you want to seem to have persuaded us that it
> is better in every way to be just than unjust, or do you want to truly convince
> us of this? (357a1-b2, tr. Grube)

Plato clearly wishes for his readers to see Book I as a failure in persuasion and the
remainder of the *Republic* as Socrates' endeavor to make amends. Socrates is like the
enlightened man who, after failing to persuade the reluctant and abusive prisoners that
the shadows are not what they seem to be, renews his efforts to turn them to the light.

Socrates' failure does not mean that the arguments on justice are unworthy of
careful scrutiny. Modern commentaries and articles abound, and readers should
consider the bibliography as a starting point for investigation. What is often left out of
these analyses is how the readers' knowledge of the present and future lives of the
interlocutors undermine the interlocutors' own arguments.[1] Cephalus, who amassed a
fortune by making and selling (ἀποδίδοσθαι) shields to Athenians argues that justice
is "to tell the truth and give back (ἀποδίδοναι) what is owed." But he is stymied by
Socrates when asked whether it is just to give back arms owed to an intemperate
madman—a prescient question in light of his customers' defeat at the hands of the
Spartans. Likewise, Polemarchus, who defends the popular view that justice is
"helping friends and harming enemies," will later see this ideal applied to his own
life. After the Spartans defeat the Athenians in 404 BC, the Spartan-backed Thirty
Tyrants will arrest and execute without trial its own political enemies, including
Polemarchus. Lastly, Thrasymachus, who is identified by his home city Chalcedon at
the beginning of Book I and defines justice as the advantage of the stronger, will live
to see his city suffer the consequences in 409-408 BC—besieged by no other than
Alcibiades himself—for an unsuccessful revolt from an imperial and indeed stronger
Athens. Some may deny the relevance of these events; but, if we are to examine the
arguments on justice seriously, should we not treat the interlocutors in the same way?

---

[1] See Mark Gifford (2001) for a clear and well-reasoned discussion on this topic.

Characters

Below are brief descriptions of the main participants in *Republic Book 1*, adapted from Debra Nails' highly recommended study, *The People of Plato*. For a fuller study of these and other characters throughout the Platonic corpus, please consult her book.

Adeimantus (432/428 – >382) is a brother of Plato and Glaucon. According to Socrates (*Rep.* 368a), both Glaucon and Adeimantus were recognized for their military service at a battle at Megara, which perhaps occurred at 409. Adeimantus is accompanying Polymarchus when Socrates and Glaucon arrive in the Piraeus.

Cephalus (? – 421/415) is father of Polemarchus and Lysias. We learn from an autobiographical speech by Lysias (12) that Cephalus was invited by Pericles himself to come to Athens around 450 and as a metic became very wealthy as the owner of a shield-making factory.

Clitophon (452 – >404) is a friend of both Lysias and Thrasymachus who intervenes briefly in the discussion between Socrates and Thrasymachus.

Glaucon (ca. 429 – >382) is a brother of Plato and Adeimantus. According to Socrates (*Rep.* 368a) both Glaucon and Adeimantus were recognized for their military service at a battle at Megara, which perhaps occurred at 409. Both brothers will be Socrates' chief interlocutors in Books 2-10 of the *Republic*.

Lysias (ca. 445 – 380) is son of Cephalus and half-brother of Polemarchus. Very wealthy, he and his brother sponsored choral performances, paid war taxes (*eisphora*), and ransomed citizen prisoners of war (Lys. 12.20). When the Thirty temporary wrestled power from the democracy, Lysias fled the fate of his brother in 404 and returned in 403 to help restore the democracy. He became a successful speechwriter for legal clients, and many of his speeches survive today.

Polemarchus (ca. 450 – 404): is a son of Cephalus and half-brother of Lysias. He was likely born in Syracuse and moved to Athens along with his father ca. 450. The house which provides the setting of the *Republic* is Polemarchus'.When the democracy was briefly overthrown as the end of the Peloponnesian war, the oligarchic regime known as the Thirty executed Polemarchus. Lysias recalls the events of Polemarchus' arrest and death in a speech *Against Eratosthenes* (Lys. 12).

Socrates (470 - 399): A stonemason by trade, Socrates acquired a reputation for discussing philosophy in public places. He did not write down his philosophical beliefs, so whatever we know about him comes from the works of a number of his contemporaries including Plato, Xenophon, and Aristophanes.

Thrasymachus (ca. 455 - ?) is a sophist from Chalcedon, a city in Asia Minor at the mouth of the Black Sea. Plato's Socrates discusses his rhetorical style in the *Phaedrus* (267c-d) and later says that both Thrasymachus and Lysias provide the wrong models to acquire rhetorical skill (269d).

Outline of Plato's *Republic*

Below is one of many proposed outlines of the entire *Republic*, here adapted from Eric Vogelin's 1957 edition of *Plato* (pp. 46-7), which in turn was adapted from Kurt Hildebrandt's *Platon*. Readers should view it as a general guide and be wary of how the outline influences their view of the work as a whole.

Prologue

1.1.	327a-328b.	Descent to the Piraeus
1.2-I.5	328b-331d.	Cephalus
1.6-1.9	331e-336a.	Polemarchus
1.10-1.24	336b-354c.	Thrasymachus

Introduction

2.1-2.10	357a-369b.	Problem: Is Justice better than Injustice?

Part I: Genesis and Order of the Polis

2.11-2.16	369b-376e.	Foundation of the Polis
2.16-3.18	376e-412b.	Education of the Guardians
3.19-4.5	412b-427c.	Constitution of the Polis
4.6-4.19	427c-445e.	Justice in the Polis

Part II: Embodiment of the Idea

5.1—5.16	445a-471c	Women, Family, War
5.17—6.14	471c-502c	Why Philosophers should Rule
6.19—7.5	502c-521c	The Idea of the Good
7.6—7.18	521c-541b	Education of the Philosophers

Part III: Degeneration of the Polis

8.1-5	543a-550c	Timocracy
8.6-9	550c-555b	Oligarchy
8.10-13	555b-562a	Democracy
8-14-9.3	562a-576b	Tyranny

Conclusion

9.4-9.13	576b-592b	Why Justice is Better than Injustice

Epilogue

10.1-10.8	595a-608b.	Rejection of Mimetic Art
10.9-10.11	608c-612a.	Immortality of the Soul
10.12	612a-613e.	Rewards of Justice in Life
10.13-10.16	613e-621d.	Rewards in the Afterlife: Myth of Er

Bibliography

Adams, J. (1902) *The Republic of Plato*. Perseus Digital Library. http://www.perseus.tufts.edu/hopper (accessed November 21, 2010).

Algra, K. (1996) "Observations on Plato's Thrasymachus: The Case for Pleonexia" in K. Algra, P. van der Horst, and D. Runia. *Polyhistor: Studies in the History and Historiography of Ancient Philosophy*. pp. 41-59.

Annas, Julia (1981) *An Introduction to Plato's Republic*, Oxford.

Boter, G. J. (1986) "Thrasymachus and *pleonexia*" *Mnemosyne* 39:261-81.

Blundell, M.W. (1991) *Helping Friends and Harming Enemies: A Study of Sophocles and Greek Ethics*, Cambridge.

Chappell, T. D. J. (1993) "The Virtues of Thrasymachus," *Phronesis* 38:1-17.

Gifford, M. (2001) "Dramatic Dialectic in *Republic* Book 1," *Oxford Studies in Ancient Philosophy* 20: 35-106.

Hourani, G. F. (1962) "Thrasymachus' Definition of Justice in Plato's *Republic*" *Phronesis* 7: 110-120.

Howland, Jacob (2004) "Plato's Reply to Lysias: *Republic* 1 and 2 and *Against Eratosthenes*" *American Journal of Philology* 125:179-208.

Kerferd, G. B. (1947) "The Doctrine of Thrasymachus in Plato's *Republic*" *Durham University Journal* 9: 19-47.

--. (1970) "Thrasymachus and Justice: A Reply" *Phronesis* 9: 12-16.

Kraut, Richard, ed. (1997) *Plato's Republic: Critical Essays*. Rowman & Littlefield.

Nails, Debra (2002) *The People of Plato: A Prosopography of Plato and Other Socratics*. Hackett Publishing. (characters and dramatic dating of the *Republic*)

Nicholson, P. P. (1974) "Unravelling Thrasymachus' Arguments in *The Republic*" *Phronesis* 19: 210-232.

Rose, Gilbert. (1983) *Plato's Republic: Book I*. Bryn Mawr.

Santas, Gerasimos, ed. (2006) *The Blackwell Guide to Plato's Republic*. Cambridge.

Weiss, Roslyn (2007) "Wise Guys and Smart Alecks in *Republic* 1 and 2," in G.R. F. Ferrari, ed., *The Cambridge Companion to Plato's Republic*, Cambridge.

White, Stephen (1995) "Thrasymachus the Diplomat" *Classical Philology* 90: 307-27.

Williams, Bernard (1997) "The Analogy of City and Soul in Plato's *Republic*" in R. Kraut, ed., *Plato's Republic: Critical Essays*. Rowman & Littlefield.

Yunis, H. (1997) "Thrasymachus B1: Discord, Not Diplomacy" *Classical Philology* 92: 58-66.

How to Use this Commentary

Research shows that, as we learn how to read in a second language, a combination of reading and direct vocabulary instruction is statistically superior to reading alone. One of the purposes of this book is to encourage active acquisition of vocabulary.

1. Master the core vocabulary list as soon as possible.

A. Develop a daily regimen for memorizing running vocabulary and forms before you begin reading. Start with an intensive review of the running core list on the next page and then turn to less frequent vocabulary words as you encounter them.

B. If you have to consult the alphabetized core list as you read, either photocopy the list or print it from online and keep it by your book to avoid page-flipping. More importantly, place a dot or similar mark by all core words that you consult. As review progresses, focus extra effort on the words that accumulate marks.

C. Download and use the core list flashcards available online (ppt or jpg format). Research has shown that you must review new words at least seven to nine times before you are able to commit them to long term memory, and flashcards are particularly efficient at promoting repetition. Develop the habit of deleting flashcards that you have mastered and focus your efforts on the remaining words.

2. Read actively and make lots of educated guesses.

One of the benefits of traditional dictionary work is that it gives readers an interval between the time they encounter a questionable word or form and the time they find the dictionary entry. That span of time often compels readers to make educated guesses and actively seek out understanding of the Greek.

Despite the benefits of facing vocabulary lists (see the preface), there is a risk that without that interval of time you will become complacent in your reading habits and treat the Greek as a puzzle to be decoded rather than a language to be learned. *Your challenge, therefore, is to develop the habit of making an educated guess under your breath each time before you consult the facing vocabulary and grammar*. If you guess correctly, the commentary will reaffirm your understanding of the Greek. If you answer incorrectly, you will become more aware of your weaknesses and therefore more capable of correcting them.

3. Reread a passage immediately after you have completed it.

Repeated readings not only help you commit Greek to memory but also increase your ability to read the Greek as Greek. Always read the words out loud (or at least whisper them to yourself). While you may be inclined to translate the text into English as you reread, develop the habit of reading Greek as Greek and acquiring meaning without turning the text into English.

4. Reread the most recent passage immediately before you begin a new one.

This additional repetition will strengthen your ability to recognize vocabulary, forms, and syntax quickly, bolster your confidence, and most importantly provide you with much-needed context as you begin the next selection in the text.

Running Core Vocabulary

The following six pages include all words that occur six or more times in the *Republic* Book 1 in a running core vocabulary list. Beneath each page number is an alphabetized list that includes the first occurrence of each core vocabulary word in the dialogue. Flashcards for this list are available online. For a single alphabetized list of these core words, consult the glossary.

Page 3: 327a1-c7

ἀπό: from, away from. (+ gen.), 9
ἄλλος, -η, -ο: other, one...another, 73
βούλομαι, βουλήσομαι, –, –, βεβούλημαι, ἐβουλήθην: wish, be willing, choose, 16
γάρ: for, since 103
Γλαύκων, ὁ: Glaucon, 10
δέ: but, and, on the other hand, 290
δοκέω, δόξω, ἔδοξα, δεδόκηκα, δέδογμαι, ἐδοκήθην: seem (good); think, suppose 50
ἐγώ: I, 227
εἰς: into, to, in regard to (+ acc.), 74
εἰμί, ἔσομαι: to be, exist. 453
ἔρομαι, ἐρήσομαι, ἠρόμην: to ask, question, inquire, 8
ἦ: in truth, truly (begins open question), 27
ἠμί: I say, 100
ἥττων, -ον: less, weaker, inferior, 12
καί: and, also, even, too, 472
κακός, -ή, -όν: bad, base, cowardly, evil, 25
καλός, -ή, -όν: beautiful, fair, noble, fine, 13
Κέφαλος, ὁ: Cephalus, 8
κελεύω, κελεύσω, ἐκέλευσα, κεκέλευκα, κεκέλευσομαι, ἐκελεύσθην: to bid, order, 6
λαμβάνω, λήψομαι, ἔλαβον, εἴληφα, εἴλημμαι, ἐλήφθην: to take, receive, grasp, 7
μέν: on the one hand, 94
μέντοι: however, nevertheless; certainly, 15
μετά: with (+ gen.); after (+ acc.), 13
νῦν: now; as it is, 26
ὁ, ἡ, τό: the, 926
ὅς, ἥ, ὅ: who, which, that, 122
ὅσος, -η, -ον: as much as, as many as; all who, all that, 23
οὐ, οὐκ, οὐχ: not, 169
οὖν: and so, then; at all events, 72
οὗτος, αὕτη, τοῦτο: this, these, 158
ποιέω, -ήσω, ἐποίησα, πεποίηκα, πεποίημαι, ἐποιήθην: to do, make, create, 52
πρός: to, towards (+ acc.), near, in addition to (+ dat.), 45
πρῶτος, -η, -ον: first, earliest, 11
Σωκράτης, -ους, ὁ: Socrates, 29
τε: and, both, 88
φαίνω, φανῶ, ἔφηνα, πέφηνα, πέφασμαι, ἐφάνθην: to show; *mid.* appear, seem, 25
φημί, ἐρέω, εἶπον, εἴρηκα, εἴρημαι, ἐρρήθην: to say, claim, assert, 172
ὦ: O! oh! 92
ὡς: as, thus, so, that; when, since, 51

Page 5: 327c8-328c6

ἀκούω, ἀκούσομαι, ἤκουσα, ἀκήκοα, –, ἠκούσθην: to hear, listen to (acc., gen.), 8
ἀλλά: but, 141

ἀλλήλος, -α, -ον: one another, 15
ἄλλως: otherwise, in another way, 8
ἄν: ever; *modal adv.*, 95
ἆρα: introduces a yes/no question, 21
αὐτός, -ή, -ό: -self; he, she, it; the same, 123
αὐτοῦ: at the very place, here, there, 8
γε: at least, at any rate; indeed, 104
γίγνομαι, γενήσομαι, ἐγένομην, γέγονα, γεγένημαι, –: come to be, become, 23
διά: through (+ gen.) on account of, because of (+ acc.), 19
δύναμαι, δυνήσομαι, –, –, δεδύνημαι, ἐδυνήθην: to be able, can, be capable. 14
εἰ: if, whether, 57
εἶπον: said, spoke (aor. λέγω, φημί), 38
εἷς, μία, ἕν: one, single, alone, 7
ἐν: in, on, among. (+ dat.), 51
ἔοικα: to be like, seem likely (dat.), 24
ἐπί: near, at (+ gen.), to, toward (+ acc), near, at (+ dat.), 28
ἔρχομαι, ἐλεύσομαι, ἦλθον, ἐλήλυθα, –, –: to come, go, 29
ἔτι: still, besides, further, 13
ἔχω, ἕξω, ἔσχον, ἔσχηκα, ἔσχημαι, –: have, hold, possess; be able; be disposed, 47
ἤ: or (either...or); than, 116
Θρασύμαχος, ὁ: Thrasymachus, 45
ἵππος, ὁ: a horse, 11
κρείττων, -ον: better, stronger, superior, 29
λέγω, λέξω, ἔλεξα, εἴλοχα, λέλεγμαι, ἐλέχθην: to say, speak, 117
μή: not, lest, 71
οἶδα: to know, 27
ὅτι: that; because, 75
οὐδέ: and not, but not, nor, not even, 37
οὐκοῦν: therefore, then, accordingly, 25
οὕτως: in this way, thus, so, 49
παρά: from, at, to the side of (+ gen., dat., acc.); in respect to, 18
πείθω, πείσω, ἔπεισα, πέποιθα, πέπεισμαι, ἐπείσθην: persuade, trust; *mid.* obey, 14
Πολέμαρχος, ὁ: Polemarchus, 21
πολύς, πολλά, πολύ: much, many, 28
πῶς: how? in what way?, 25
τοί-νυν: well then; therefore, accordingly, 6
τυγχάνω, τεύξομαι, ἔτυχον, τετύχηκα, –, –: to chance upon, get; happen, 8
χρή: it is necessary, it is fitting; must, ought, 10

Page 7: 328c7-329b4
βίος, ὁ: life, 6
δεῖ: it is necessary, must, ought (+ inf.), 19
δύναμις, -εως, ἡ: power, strength, force; faculty, capacity, 6
γῆρας, τό: old age, 12
ἐπεί: when, after, since, because, 17
ἐρέω: I will say or speak, 7
εὖ: well, 27
ζάω, ζήσω, ἔζησα, : to live, 7
Ζεύς, ὁ: Zeus, 8
ἤδη: already, now, at this time, 8
ἧδος, -εος, τό: pleasure, enjoyment, delight, 8
ἴσως: perhaps, probably; equally, likely, 10

κατά: down from (+ gen.), down, down along (+ acc.), 24
λόγος, ὁ: word, speech, discourse, argument, 41
μέγας, μεγάλη, μέγα: big, great, important, 9
μήν: truly, surely, 12
ὅδε, ἥδε, τόδε: this, this here, 12
οἷος, -α, -ον: of what sort, as, 14
οἰκεῖος, -α, -ον: one's own; peculiar; relatives, 9
οὐδ-είς, οὐδε-μία, οὐδ-έν: no one, nothing, 32
πάνυ: quite, entirely, exceedingly, 36
περί: around, about, concerning (+ gen., dat., acc.), 26
πότερος, -α, -ον: which of the two? whether?, 15
ῥᾴδιος, -α, -ον: easy, ready, 10
σῶμα, -ατος, τό: the body. 8
τοιοῦτος, -αύτη, -οῦτο: such, 24
τότε: at that time, then, 13
φίλος, -ου, ὁ: friend, relative, kin, 9
χαλεπός, -ά, -όν: difficult, hard, harmful, 6
ὥσπερ: as, just as, as if, 21

Page 9: 329b5-329e8

ἀληθής, -ές: true, 28
ἄνθρωπος, ὁ: human being, 12
ἐκεῖνος, -η, -ον: that, those, 27
ἕνεκα: for the sake of, because of, for (+ preceding gen.), 8
ἐπειδάν: whenever, 6
ἐρωτάω, ἐρωτήσω, ἠρόμην, ἠρώτηκα, ἠρώτημαι, ἠρώτηθην: to ask, inquire, 15
ἡγέομαι, ἡγήσομαι, ἡγησάμην, –, ἥγημαι, –: lead, guide; consider, think, believe 9
κτάομαι, κτήσομαι, ἐκτησάμην, –, κέκτημαι, ἐκτήθην: to acquire, procure, get, 10
οἴομαι, οἰήσομαι, –, –, –, ᾠήθην: to suppose, think, imagine, 46
ὅταν: ὅτε ἄν, whenever, 23
παντά-πασι: all in all, altogether, absolutely, 6
πᾶς, πᾶσα, πᾶν: every, all, the whole, 27
ποτέ: ever, at some time, once, 9
ὑπό: by, because of, from (+ gen.), under (+ dat.), 15

Page 11: 330a1-d3

ἀγαθός, -ή, -όν: good, brave, capable, 34
ἀπο-κρίνομαι, κρινοῦμαι, ἐκρινάμην: to answer, reply, 28
ἐάν: εἰ ἄν, if (+ subj.), 120
ἑαυτοῦ, -ῆς, -οῦ: himself, herself, itself, themselves, 47
ἐθέλω, ἐθελήσω, ἠθέλησα, ἠθέληκα, –, –:: to be willing, wish, desire. 19
ἔργον, τό: work, labor, deed, act, 21
οὔ-τε: and not, neither...nor, 18
πλέων, -ον: more, greater, 14
πόλις, ἡ: a city, 16
χρῆμα, -ατος, τό: thing, money, goods, 8

Page 13: 330d4-331b4

ἀ-δικέω: to be unjust, do wrong, injure, 16
ἄ-δικος, -ον: unrighteous, unjust, 41
ἄκων, ἄκουσα, ἄκόν: unwilling, unintentionally, 6
ἀνήρ, ἀνδρός, ὁ: a man, 15
αὖ: again, once more; further, moreover, 9

ἐκ: out of, from (+ gen.), 11
ἔπ-ειτα: then, next, secondly, 7
μάλιστα: most of all; certainly, especially, 7
μᾶλλον: more, rather, 11
μηδέ: and not, but not, nor, 14
μηδ-είς, μηδ-εμία, μηδ-έν: no one, nothing, 15
ὀφείλω, ὀφειλήσω, ὠφείλησα, ὠφείληκα: to owe, 14
σκοπέω: to look at, examine, consider (other than pres. and impf. see σκέπτομαι) 24
τίθημι, θήσω, ἔθηκα, τέθηκα, τέθειμαι, ἐτέθην: put, place, arrange, make, cause, 24
ψυχή, ἡ: breath, life, spirit, soul, 10

Page 15: 331b5-e8
ἀγνοέω: not know, be ignorant of, 6
ἄ-δικος, -ον: unrighteous, unjust, 41
ἀπο-δίδωμι, -δώσω, ἔδωκα, δέδωκα, δέδομαι, ἐδόθην: give back, return, render, 20
ἄρα: then, therefore, it seems, it turns out, 33
ἄρτι: just, exactly, 8
δῆλος, -η, -ον: clear, evident, conspicuous, 9
δίκαιος, -α, -ον: just, right, lawful, fair, 105
ἕκαστος, -η, -ον: each, every one, 24
ὀρθός, -ή, -όν: straight, upright, right, 13
που: anywhere, somewhere; I suppose, 10
Σιμωνίδης, ὁ: Simonides, 10
σός, -ή, -όν: your, yours, 16
σοφός, -ή, -όν: wise, skilled, 12
φίλος, -η, -ον: dear, friendly; subst. friend, kin, 31
χρήσιμος, -η, -ον: useful, serviceable, apt, fit, 12

Page 17: 331e9-332c8
ἐχθρός, -ά, -όν: hated, hostile; subst. enemy, 24
ἰατρικός, -ή, -όν: of a physician, medical, 14
καλέω, καλέω, ἐκάλεσα, κέκληκα, κέκλημαι, ἐκλήθην: to call, summon, invite, 13
μανθάνω: to learn, understand, 16
ναί: yes, yea, 14
πρόσ-ήκει: it concerns, relates to; is fitting (+ dat) 7
τέχνη, ἡ: art, skill, craft, 28
τῷ: τίνι, dat. for to/for whom? 58

Page 19: 332c9-333a2
βλάπτω, βλάψω, ἔβλαψα, : to hurt, harm, 19
εἶεν: well! well now!, 9
ἰατρός, ὁ: physician, doctor, 12
κάμνω, καμοῦμαι, ἔκαμον, κέκμηκα, –, –: to be ill, tired, weary; toil, work, 6
κυβερνήτης, -ου, ὁ: a helmsman, pilot, governor, 9
πλέω: to sail, 6
πρᾶξις, -εως, ἡ: a action, deed, transaction, business, 6
ὠφελέω, ὠφελήσω, ὠφέλησα: to help, to be of use, benefit, 16
ὠφέλεια, ἡ: help, aid, use, advantage, benefit, 8

Page 21: 333a3-c7
ἀργύριον, τό: silver (coin), piece of silver, 9
δέω, δεήσω, ἐδέησα, δεδέηκα, δεδέημαι, ἐδεήθην: lack, want, need; *mid.* ask, beg, 17
δῆτα: certainly, to be sure, of course, 6
κοινῇ: in common, together, by common consent, 9

χράομαι, χρήσομαι, ἐχρησάμην, –, κέχρημαι, ἐχρήσθην: to use, employ (+ dat.), 6

Page 23: 333c8-334a6

ἀνάγκη, ἡ: necessity, force, constraint, 11
δεινός, -ή, -όν: terrible; strange, wondrous, clever, 8
εἴτε: either...or; whether...or, 16
κινδυνεύω, κινδυνεύσω: to risk, venture; impers. it is likely, 7
λανθάνω: to escape notice of, act unnoticed, 6
ὅστις, ἥτις, ὅ τι: whoever, whichever, whatever, 89
σκέπτομαι, σκέψομαι, ἐσκεψάμην, ἔσκεμμαι: to consider, examine, look at, 12
φυλάττω, φυλάξω, ἔφυγον, πεφύλαχα, –, ἐφυλάχθην: keep watch, keep guard, 6

Page 25: 334a7-d6

ἁμαρτάνω, ἁμαρτήσομαι, ἥμαρτον, ἡμάρτηκα: miss the mark, make a mistake, 16
ἐναντίος, -α, -ον: opposite, contrary, 17
πονηρός, -ά, -όν: bad, evil; painful, grievous, 9
ὥστε: so that, that, so as to, 12

Page 27: 334d7-335b5

μάλα: very, very much, exceedingly, 5
συμ-βαίνω, -βήσομαι, -έβην, βέβηκα, βέβαμαι, εβάθην: to happen, occur, result, 5
χρηστός, -ή, -όν: good, useful, worthy, 5

Page 29: 335b6-d9

ἀ-δύνατος, -ον: unable, incapable, impossible, 8
ἀρετή, ἡ: excellence, goodness, virtue, 27
βελτίων, -ον: better, 6
μουσικός, -ή, -όν: musical, educated, cultured, 7

Page 31: 335d10-336b6

ἵημι: to send, let go, release,; mid. hasten, 11
μακάριος, -α, -ον: blessed, happy, 7
συγ-χωρέω, -χωρήσω: to come together; yield, concede, 6

Page 33: 336b7-337a4

ἀκριβής, -ές: exact, accurate, precise, 13
ἄρχω, ἄρξω, ἦρξα, ἦρχα, ἦργμαι, ἤρχθην: to begin; rule, be leader of, 69
ἐξ-αμαρτάνω, ἁμαρτήσομαι, ἥμαρτον, ἡμάρτηκα: to miss (the mark), fail, err, 8
λυσιτελέω: to pay (what is due), profit, avail, 6
μόνος, -η, -ον: alone, only, solitary, 8
ὅπως: how, in what way; in order that, that, 6
πρότερος, -α, -ον: before, previous; earlier, 15
συμ-φέρω, -οίσω, -ήνεγκον, -ενήκοχα: to gather, collect; be useful, be expedient, 47

Page 35: 337a5-d7

ἀξιόω: to think worthy, deem right, 8
ἕ: se (reflexive), 49
ἕτερος, -α, -ον: one of two, other, different, 8
ὅμοιος, -α, -ον: like, resembling, similar, 13
πάσχω, πείσομαι, ἔπαθον, πέπονθα: to suffer, experience; allow 6

Page 37: 337d8-338c3

βέλτιστος, -η, -ον: best, 10
ἵνα: in order that (+ subj.); where (+ ind.), 7
σοφία, ἡ: wisdom, skill, judgment, intelligence, 7

Page 39: 338c4-339a9

ἄριστος, -η, -ον: best, most excellent, 6

ἀρχή, ἡ: a beginning; rule, office, 15

Page 41: 339b1-d10

ἐπι-χειρέω: to put one's hand on, attempt, try, 7

ὁμο-λογέω, ὁμολογήσω, ὡμολόγησα, ὡμολόγηκα, –, ὡμολογήθην: to agree, 17

προσ-τάττω, τάξω, ἔταξα, τέταχα, τέταμαι, ετάθην: order, assign, appoint (dat)8

Page 45: 340c6-341b2

δημιουργός, ὁ: a skilled workman, craftsman, 6

νυν-δὴ: just now, 6

ὅσπερ, ἥπερ, ὅπερ: the very one who, very thing which, 8

Page 47: 341b3-e1

ναῦς, νεώς, ἡ: a ship, boat, 15

ναύτης, -ου, ὁ: sailor, 8

τέλεος, -α, -ον: finished, complete, perfect, last, 8

Page 51: 342c7-343a4

ἐπι-τάττω, τάξω, ἔταξα, τέταχα, τέταμαι, ετάθην: to order, command, 6

Page 53: 343a5-e1

ἀ-δικία, ἡ: wrong-doing, injustice, 28

εὐ-δαίμων, -ον: happy, fortunate, blessed, 9

ἴσος, -η, -ον: equal to, the same as, like, 11

πως: somehow, in any way, 26

Page 55: 343e2-344d1

ἑκάτερος, -α, -ον: each of two, either, 6

ἴδιος, -α, -ον: private; own's own, peculiar, 6

πλεονεκτέω: gain or have more, gain or have advantage, go beyond, exceed (gen), 11

Page 57: 344d2-345c2

βιόω, βιώσομαι, ἐβίωσα, βεβίωκα, βεβίωμαι, –: to live, 7

ἐάω, ἐάσω, εἴασα, εἴακα, εἴαμαι, εἰάθην: to allow, permit, let be, suffer, 14

ἐμός, -ή, -όν: my, mine, 9

λυσιτελής, -ές: profitable, useful, advantageous, 7

πράττω, πράξω, ἔπραξα, πέπραχα, πεπράγμαι, ἐπράχθην: to do, make, act, 19

Page 59: 345c3-346b2

κοινός, -ή, -όν: common, ordinary; public, 10

μέλλω, μελλήσω, ἐμέλλησα: to be about to, to intend to, 6

μίσθος, ὁ: wage, pay, hire, 13

Page 61: 346b3-d8

ἐργάζομαι, ἐργάσομαι, ἠργασάμην, –, εἴργασμαι, ἠργάσθην: work, labor, toil, 6

Page 63: 346d9-347b9

ὁμοῖος, -α, -ον: similar, resembling, 13

Page 67: 348a8-d6

κακία, ἡ: wickedness, vice, cowardice, 9

φρόνιμος, -ον: intelligent, wise, prudent, 6

Abbreviations

abs.	absolute	imp.	imperative	pf.	perfect
acc.	accusative	impf.	imperfect	pl.	plural
act.	active	imper.	impersonal	plpf.	pluperfect
adj.	adjective	indic.	indicative	pred.	predicate
adv.	adverb	i.o.	indirect object	prep.	preposition
aor.	aorist	inf.	infinitive	pres.	present
app.	appositive	inter.	interrogative	pron.	pronoun
comp.	comparative	m.	masculine	reflex.	reflexive
dat.	dative	n.	neuter	rel.	relative
dep.	deponent	nom.	nominative	seq.	sequence
d.o.	direct object	obj.	object	sg.	singular
f.	feminine	opt.	optative	subj.	subject
fut.	future	pple.	participle	superl.	superlative
gen.	genitive	pass	passive	voc.	vocative

Stephanus Page Numbers

The universal method for referring to pages in any of Plato's dialogues is through Stephanus page numbers. This paging system was developed by Henri Estienne (Lat., *Stephanus*), who published a multi-volume edition of Plato's dialogues in 1578. Stephanus divided each page in his edition into roughly equal sections, which he labeled with the letters a, b, c, d, and e. This system allowed his readers to locate a particular passage not only by the page number but by the section letter as well (e.g. 327a, 327b, 327c, 327d, 327e, 328a...). Many modern editions, including the Greek text in this volume, have adopted this system and gone one step further by dividing the sections into individual lines (e.g. 327a1, 327a2, 327a3...). This paging system offers the same advantages as chapters and verses in the Bible. Since most editions of Plato include the Stephanus page numbers in the margins of the text, a reader can pick up any volume of Plato—in Greek or in translation—and easily locate a particular passage in the dialogue.

Because Stephanus placed the *Republic* on pages 327-621 in his second volume of Plato, the *Republic* begins on Stephanus page 327a1 and ends on page 621d3. In this commentary all of the grammatical notes are arranged and labeled according to this paging system. Since most of the entries on a given page of commentary have the same Stephanus page number, I have identified the page number only once and labeled all subsequent grammatical note entries by the section letter and line number (e.g. 327a1, a2, a3...b1, b2, b3, b4...).

Magee: Do you share the traditional view that his masterpiece is the *Republic*?

Burnyeat: Yes, I do.

Magee: Why?

Burnyeat: I think because it is in the *Republic* more than anywhere else that Plato makes good his belief that every question is connected with every other; the inquiry need never stop, because every 'conclusion for now' leads on to the next problem...

-Bryan Magee, *The Great Philosophers*

"To make the ancients speak, we must feed them with our own blood."

-von Wilamowitz-Moellendorff

ΠΟΛΙΤΕΙΑ

Α

ΣΩΚΡΑΤΗΣ

a   Κατέβην χθὲς εἰς Πειραιᾶ μετὰ Γλαύκωνος τοῦ Ἀρίστωνος προσευξόμενός τε τῇ θεῷ καὶ ἅμα τὴν ἑορτὴν βουλόμενος θεάσασθαι τίνα τρόπον ποιήσουσιν ἅτε νῦν πρῶτον ἄγοντες. καλὴ μὲν οὖν μοι καὶ ἡ τῶν ἐπιχωρίων πομπὴ ἔδοξεν εἶναι,

5 οὐ μέντοι ἧττον ἐφαίνετο πρέπειν ἣν οἱ Θρᾷκες ἔπεμπον.

b προσευξάμενοι δὲ καὶ θεωρήσαντες ἀπῇμεν πρὸς τὸ ἄστυ. κατιδὼν οὖν πόρρωθεν ἡμᾶς οἴκαδε ὡρμημένους Πολέμαρχος ὁ Κεφάλου ἐκέλευσε δραμόντα τὸν παῖδα περιμεῖναί ἑ κελεῦσαι. καί μου ὄπισθεν ὁ παῖς λαβόμενος τοῦ ἱματίου,

5 κελεύει ὑμᾶς, ἔφη, Πολέμαρχος περιμεῖναι. καὶ ἐγὼ μετεστράφην τε καὶ ἠρόμην ὅπου αὐτὸς εἴη. οὗτος, ἔφη, ὄπισθεν προσέρχεται· ἀλλὰ περιμένετε. ἀλλὰ περιμενοῦμεν, ἦ δ᾽ ὃς ὁ Γλαύκων.

c   Καὶ ὀλίγῳ ὕστερον ὅ τε Πολέμαρχος ἧκε καὶ Ἀδείμαντος ὁ τοῦ Γλαύκωνος ἀδελφὸς καὶ Νικήρατος ὁ Νικίου καὶ ἄλλοι τινὲς ὡς ἀπὸ τῆς πομπῆς.

Ὁ οὖν Πολέμαρχος ἔφη· ὦ Σώκρατες, δοκεῖτέ μοι πρὸς

5 ἄστυ ὡρμῆσθαι ὡς ἀπιόντες.

Οὐ γὰρ κακῶς δοξάζεις, ἦν δ᾽ ἐγώ.

Ὁρᾷς οὖν ἡμᾶς, ἔφη, ὅσοι ἐσμέν;

2

ἄγω: to lead, bring, carry, convey, 2
Ἀδείμαντος, ὁ: Adeimantus, Plato's brother, 2
ἀδελφός, ὁ: a brother, 2
ἅμα: at the same time; along with (dat.), 5
ἀπ-έρχομαι: to go away, depart, 5
Ἀρίστων, -ονος, ὁ: Ariston, father of Plato, 1
ἄστυ, τό: a city, town, 3
ἅτε: inasmuch as, since (+ pple.), 2
δοξάζω: to think, opine, suppose, imagine, 1
ἑορτή, ἡ: a feast, festival, 1
ἐπι-χώριοι, οἱ: inhabitants, locals, natives, 1
ἥκω: to have come, be present, 2
θεάομαι: to see, watch, look at; consider, 3
θεός, ὁ: a god, divinity, 5
θεωρέω: to see, watch, look at, 1
Θρᾷξ, Θρᾳκός, ὁ: a Thracian, 1
ἱμάτιον, τό: a cloak or mantle, 1
καθ-οράω: to look down, perceive, 2
κατα-βαίνω: walk down, step down, 2
μετα-στρέφω: to turn about, turn around, 1
Νικήρατος, ὁ: Niceratus, 1

Νικίας, -ου, ὁ: Nicias, 1
οἴκα-δε: homeward, home, 2
ὀλίγος -η, -ον: few, little, small, 1
ὄπισθεν: behind; in the future (+ gen.), 2
ὅπου: where, 3
ὁράω: to see, look, behold, 5
ὁρμάω: to set in motion; set out, hasten, 5
παῖς, παιδός, ὁ, ἡ: a child, boy, girl; slave, 4
Πειραιεύς, Πειραῶς, ὁ: Piraeus, 2
πέμπω: to send, conduct, convey, dispatch, 1
περι-μένω: to wait for, await, 5
πομπή, ἡ: procession, parade, 2
πόρρω-θεν: from afar (πρόσω-θεν) 1
πρέπω: to fit, suit; be fitting, be suitable, 2
προσ-έρχομαι: to come or go to, approach, 1
προσ-εύχομαι: to pray to, worship (dat.) 2
τρέχω: to run, 1
τρόπος, ὁ: a manner, way; turn, direction, 4
ὕστερος, -α, -ον: later, last, 4
χθές: yesterday, 1

327a1 Κατέβην: 1ˢᵗ sg. aor., καταβαίνω denotes a trip to the shore, as ἀνα-βαίνω denotes a trip inland; the verb may allude to the return descent in the Allegory of the Cave (519a) where the enlightened have trouble persuading those in the cave τοῦ Ἀρίστωνος: *(son) of Ariston*; a patronymic, see also b3 and c2 below

a2 προσευξομένος: *intending to pray*; fut. pple denoting purpose, i.e. "in order to..." τῇ θεῷ: later revealed to be Bendis, 354a

a3 ἑορτὴν...τίνα τρόπον ποιήσουσιν: *in what way they will celebrate the festival?* "the festival in what way…", ἑορτὴν precedes ind. question in anticipation ἅτε: ἅτε + pple asserts a cause from the speaker's point of view, whereas ὡς + pple suggests an alleged cause, cf. c5 πρῶτον: *for the first time*; adv. acc.

a4 μὲν οὖν...μέντοι: *indeed...however* εἶναι: inf. εἰμί

a5 ἧττον: adv. acc. ἥττων follows πρέπειν ἥν: *(the procession) which*; nom. subject antecedent πομπὴ is missing

b1 ἀπῇμεν: 3ʳᵈ pl. impf. ἀπ-έρχομαι ἄστυ: i.e. Athens, five miles inland

b2 κατιδών: nom. sg. aor. pple. καθ-οράω ὡρμημένους: *having set out*; pf. mid.

pple. ὁρμάω

b3 δραμόντα: aor. pple. τρέχω with παῖδα, which here denotes a slave of any age περιμεῖναι: aor. inf. περιμένω ἑ: *him*; i.e. Polemarchus, a 3ʳᵈ person sg. reflexive pronoun, acc obj. of περιμεῖναι

b4 κελεῦσαι: *to bid (us)* + inf.; aor. inf. κελεύω, supply the object ἡμᾶς λαβόμενος: aor. mid. pple λαμβάνω τοῦ ἱματίου: *by the cloak*; partitive gen.

b5 ἔφη: *(the slave) said*; impf. φημί (cf. p. 5)

b6 μετεστράφην: 1ˢᵗ sg. aor. pass. deponent ἡρόμην: 1ˢᵗ sg. aor. ἔρομαι εἴη: *where(ever)...was*; 3ʳᵈ sg. opt. εἰμί in an ind. question in secondary sequence αὐτός: *(he) himself*; intensive pronoun

b7 ἀλλά: *come*; introducing an imperative Ἀλλὰ περιμενοῦμεν: *well then...*; future

b8 ἦ δ᾽ ὃς ὁ Γλαύκων: *said this one Glaucon*; 3ʳᵈ sg. impf. ἠμί, ὅς is a demonstrative

c1 ὀλίγῳ: *a little*; dat. degree of difference ὕστερον: *later*; as often, adverbial acc.

c3 ὡς: *as if, just as*

c5 ὡρμῆσθαι: pf. mid. inf. ὁρμάω ὡς ἀπιόντες: *as if...*; pple ἀπέρχομαι

c7 ἦν δ᾽ ἐγώ: *I said*; impf. ἠμί (see p. 5)

c8 ἡμᾶς...ὅσοι ἐσμέν: *how many we are*; prolepsis (see a3 above), 1ˢᵗ pl. εἰμί

πῶς γὰρ οὔ;

Ἦ τοίνυν τούτων, ἔφη, κρείττους γένεσθε ἢ μένετ' αὐτοῦ.

10   Οὐκοῦν, ἦν δ' ἐγώ, ἔτι ἓν λείπεται, τὸ ἢν πείσωμεν ὑμᾶς ὡς χρὴ ἡμᾶς ἀφεῖναι;

Ἦ καὶ δύναισθ' ἄν, ἦ δ' ὅς, πεῖσαι μὴ ἀκούοντας;

Οὐδαμῶς, ἔφη ὁ Γλαύκων.

Ὡς τοίνυν μὴ ἀκουσομένων, οὕτω διανοεῖσθε.

328   Καὶ ὁ Ἀδείμαντος, ἀρά γε, ἦ δ' ὅς, οὐδ' ἴστε ὅτι λαμπὰς ἔσται πρὸς ἑσπέραν ἀφ' ἵππων τῇ θεῷ;

Ἀφ' ἵππων; ἦν δ' ἐγώ· καινόν γε τοῦτο. λαμπάδια ἔχοντες διαδώσουσιν ἀλλήλοις ἁμιλλώμενοι τοῖς ἵπποις; ἢ 5   πῶς λέγεις;

Οὕτως, ἔφη ὁ Πολέμαρχος. καὶ πρός γε παννυχίδα ποιήσουσιν, ἣν ἄξιον θεάσασθαι· ἐξαναστησόμεθα γὰρ μετὰ τὸ δεῖπνον καὶ τὴν παννυχίδα θεασόμεθα. καὶ συνεσόμεθά τε πολλοῖς τῶν νέων αὐτόθι καὶ διαλεξόμεθα. ἀλλὰ μένετε b   καὶ μὴ ἄλλως ποιεῖτε.

Καὶ ὁ Γλαύκων, ἔοικεν, ἔφη, μενετέον εἶναι.

Ἀλλ' εἰ δοκεῖ, ἦν δ' ἐγώ, οὕτω χρὴ ποιεῖν.

Ἦμεν οὖν οἴκαδε εἰς τοῦ Πολεμάρχου, καὶ Λυσίαν τε 5   αὐτόθι κατελάβομεν καὶ Εὐθύδημον, τοὺς τοῦ Πολεμάρχου ἀδελφούς, καὶ δὴ καὶ Θρασύμαχον τὸν Καλχηδόνιον καὶ Χαρμαντίδην τὸν Παιανιᾶ καὶ Κλειτοφῶντα τὸν Ἀριστωνύ- μου· ἦν δ' ἔνδον καὶ ὁ πατὴρ ὁ τοῦ Πολεμάρχου Κέφαλος. καὶ μάλα πρεσβύτης μοι ἔδοξεν εἶναι· διὰ χρόνου γὰρ καὶ c   ἑωράκη αὐτόν. καθῆστο δὲ ἐστεφανωμένος ἐπί τινος προσκε- φαλαίου τε καὶ δίφρου· τεθυκὼς γὰρ ἐτύγχανεν ἐν τῇ αὐλῇ. ἐκαθεζόμεθα οὖν παρ' αὐτόν· ἔκειντο γὰρ δίφροι τινὲς αὐτόθι κύκλῳ.

5   Εὐθὺς οὖν με ἰδὼν ὁ Κέφαλος ἠσπάζετό τε καὶ εἶπεν·

Ὦ Σώκρατες, οὐ δὲ θαμίζεις ἡμῖν καταβαίνων εἰς τὸν

Ἀδείμαντος, ὁ: Adeimantus, 2
ἀδελφός, ὁ: a brother, 2
ἀμιλλάομαι: to contend with, compete, 2
ἄξιος, -α, -ον: worthy of, deserving of, 3
Ἀριστώνυμος, ὁ: Aristonymus, 1
ἀσπάζομαι: to welcome, embrace, 2
αὐλή, ἡ: the court-yard, 1
αὐτό-θι: on the very spot or moment, 4
ἀφ-ίημι: to let go, send forth, give up, 5
δεῖπνον, τό: the principal meal, dinner, 1
δια-δίδωμι: to give, hand over, 1
δια-λέγομαι: to converse with, discuss, 3
δια-νοέομαι: to think, consider, intend, 4
δίφρος, ὁ: seat, chair, stool, 2
εἶδον: aor. of ὁράω, to see, behold, 3
ἔνδον: within, at home, 1
ἐξ-ανίστημι: to raise up, stand up, 1
ἑσπέρα, ἡ: evening, eve, 1
Εὐθύδημος, ὁ: Euthydemus, 1
εὐθύς: right away, straight, directly, at once 1
θαμίζω: to come often, 1
θεάομαι: to see, watch, look at; consider, 3
θεός, ὁ: a god, divinity, 5
θύω: to sacrifice, 1
καθ-έζομαι: to sit down, take a seat, 1
κάθ-ημαι: to sit, 1
καινός, -ή, -όν: new, novel, strange, 1

Καλχηδόνιος, -α, -ον: of Chalcedon, 1
κατα-βαίνω: to walk down, step down, 2
κατα-λαμβάνω: to find; seize; compel 1
κεῖμαι: to lie, lie down, be set, 4
Κλειτοφῶν, ὁ: Clitophon, 4
κύκλος, ὁ: a circle, round, ring, 1
λαμπάδιον, τό: small torch, 1
λαμπάς, -άδος, ἡ: torch-race, 1
λείπω: to leave, forsake, abandon, 1
Λυσίας, ὁ: Lysias, a famous speech-writer, 1
μάλα: very, very much, exceedingly, 5
μενετέος, -α, -ον: (worthy) to be waited for, 1
μένω: to stay, remain, abide, 2
νέος, -α, -ον: young; new, novel, strange, 1
οἴκα-δε: homeward, home, 2
ὁράω: to see, look, behold, 5
οὐδαμῶς: in no way, not at all, 5
Παιανιέος, -α, -ον: of the deme Paeania, 1
παν-νυχίς, ίδος, ἡ: a night-festival, 2
πατήρ, ὁ: a father, 4
πρεσβύτης, ὁ: old man, 2
πρόσ-κεφαλαίον, τό: cushion (for the head) 1
στεφανόω: to crowne, wreath, honor, 1
σύν-ειμι: to be with, associate with, 2
Χαρμαντίδης, ὁ: Charmantides, 1
χρόνος, ὁ: time, 1

---

c8 Πῶς γὰρ οὔ: *how could (I) not?*; affirms and expresses (im)possibility and surprise
c9 τούτων: *these (men)*; gen. of comparison
κρείττους: κρείττο(ν)ες, predicate adj.
γένεσθε: aor. pl. imperative γίγνομαι
αὐτοῦ: *here*; adverb in core vocabulary
c10 Οὐκοῦν: *Then...not?*; seeks a "yes" reply
τὸ ἦν...πείσωμεν: *namely that if...*; ἐάν, aor. subj. πείθω, in a future more vivid protasis made a substantive by τὸ
c12 δύναισθε ἄν: *could you*; pres potential opt
πεῖσαι: aor. inf. πείθω
μὴ ἀκούοντας: *(us if) not listening*
c14 Ὡς...ἀκουσομένων: *since (we) ...*; ὡς + fut. pple (gen. abs.) denotes alleged cause
328a1 ἴστε: 2nd pl. οἶδα

a2 ἔσται: 3rd sg. fut. εἰμί
ἀφ' ἵππων: *on horseback*; "from horses"
a3 τοῦτο: *this (is)*; supply linking ἐστίν
a5 πῶς λέγεις: *How do you mean?*
a6 καὶ πρός γε: *and in addition*; emphasized
a7 ἄξιον: *(is) worthwhile*; add linking ἐστίν
a8 συνεσόμεθα: fut. σύν-ειμι + dat.
b2 μενετέον εἶναι: *that we must wait*
b4 Ἧιμεν: impf. ἔρχομαι
εἰς Πολεμάρχου: *at Polemarchus' home*
b8 ἦν: 3rd sg. impf. εἰμί
b9 διὰ χρόνου: *over (a long) time*
c1 ἑωράκη: *I had seen*; plpf. ὁράω
ἐστεφανωμένος: pf. mid. pple στεφάνω
c2 τεθυκώς: *happened to have sacrificed*; θύω pf. complementary pple + τυγχάνω

φημί and ἠμί: Common Verbs of Saying in Present and Imperfect tense

1st	φημί	φαμέν	ἔφην	ἔφαμεν	ἠμί	--	ἦν	--
2nd	φῆς	φατέ	ἔφης	ἔφατε	--	--	--	--
3rd	φῆσι(ν)	φασί(ν)	ἔφη	ἔφασαν	ἠσί	--	ἦ	--

Πειραιᾶ. χρῆν μέντοι. εἰ μὲν γὰρ ἐγὼ ἔτι ἐν δυνάμει ἦ τοῦ ῥᾳδίως πορεύεσθαι πρὸς τὸ ἄστυ, οὐδὲν ἂν σὲ ἔδει δεῦρο

d ἰέναι, ἀλλ' ἡμεῖς ἂν παρὰ σὲ ἦμεν· νῦν δέ σε χρὴ πυκνότερον δεῦρο ἰέναι. ὡς εὖ ἴσθι ὅτι ἔμοιγε ὅσον αἱ ἄλλαι αἱ κατὰ τὸ σῶμα ἡδοναὶ ἀπομαραίνονται, τοσοῦτον αὔξονται αἱ περὶ τοὺς λόγους ἐπιθυμίαι τε καὶ ἡδοναί. μὴ οὖν ἄλλως ποίει,

5 ἀλλὰ τοῖσδέ τε τοῖς νεανίσκοις σύνισθι καὶ δεῦρο παρ' ἡμᾶς φοίτα ὡς παρὰ φίλους τε καὶ πάνυ οἰκείους.

Καὶ μήν, ἦν δ' ἐγώ, ὦ Κέφαλε, χαίρω γε διαλεγόμενος

e τοῖς σφόδρα πρεσβύταις· δοκεῖ γάρ μοι χρῆναι παρ' αὐτῶν πυνθάνεσθαι, ὥσπερ τινὰ ὁδὸν προεληλυθότων ἣν καὶ ἡμᾶς ἴσως δεήσει πορεύεσθαι, ποία τίς ἐστιν, τραχεῖα καὶ χαλεπή, ἢ ῥᾳδία καὶ εὔπορος. καὶ δὴ καὶ σοῦ ἡδέως ἂν πυθοίμην

5 ὅτι σοι φαίνεται τοῦτο, ἐπειδὴ ἐνταῦθα ἤδη εἶ τῆς ἡλικίας ὃ δὴ "ἐπὶ γήραος οὐδῷ" φασιν εἶναι οἱ ποιηταί, πότερον χαλεπὸν τοῦ βίου, ἢ πῶς σὺ αὐτὸ ἐξαγγέλλεις.

329 Ἐγώ σοι, ἔφη, νὴ τὸν Δία ἐρῶ, ὦ Σώκρατες, οἷόν γέ μοι φαίνεται. πολλάκις γὰρ συνερχόμεθά τινες εἰς ταὐτὸν παραπλησίαν ἡλικίαν ἔχοντες, διασῴζοντες τὴν παλαιὰν παροιμίαν· οἱ οὖν πλεῖστοι ἡμῶν ὀλοφύρονται συνιόντες, τὰς

5 ἐν τῇ νεότητι ἡδονὰς ποθοῦντες καὶ ἀναμιμνῃσκόμενοι περί τε τἀφροδίσια καὶ περὶ πότους τε καὶ εὐωχίας καὶ ἄλλ' ἄττα ἃ τῶν τοιούτων ἔχεται, καὶ ἀγανακτοῦσιν ὡς μεγάλων τινῶν ἀπεστερημένοι καὶ τότε μὲν εὖ ζῶντες, νῦν δὲ οὐδὲ ζῶντες.

b ἔνιοι δὲ καὶ τὰς τῶν οἰκείων προπηλακίσεις τοῦ γήρως ὀδύρονται, καὶ ἐπὶ τούτῳ δὴ τὸ γῆρας ὑμνοῦσιν ὅσων κακῶν σφίσιν αἴτιον. ἐμοὶ δὲ δοκοῦσιν, ὦ Σώκρατες, οὗτοι οὐ τὸ αἴτιον αἰτιᾶσθαι. εἰ γὰρ ἦν τοῦτ' αἴτιον, κἂν ἐγὼ τὰ αὐτὰ

ἀγανακτέω: to be annoyed, be irritated, 1
αἰτιάομαι: to charge, blame, accuse, 1
αἴτιος, -α, -ον: responsible, blameworthy, 4
ἀνα-μιμνῄσκω: to remind (+ acc. + gen.), 1
ἀπο-μαραίνομαι: to waste away, die, 1
ἀπο-στερέω: to deprive from, rob, defraud, 1
ἄστυ, τό: a city, town, 3
αὐξάνω: to increase, augment, 1
ἀφροδίσιος, -α, -ον: of Aphrodite; sex 2
δεῦρο: here, to this point, hither, 3
δια-λέγομαι: to converse with, discuss, 3
δια-σῴζω: to preserve, recover, 1
ἔνιοι, -αι, -α: some, 1
ἐν-ταῦθα: here, hither, there, thither, then, 5
ἐξ-αγγέλλω: to send out, report, 1
ἐπι-θυμία, ἡ: desire, longing, yearning, 2
εὔ-πορος, -ον: easily done; resourceful, 1
εὐωχία, ἡ: good cheer, feasting, 2
ἡδονή, ἡ: pleasure, enjoyment, delight, 3
ἡλικία, ἡ: age, time of life, 3
νεανίσκος, ὁ: a youth, 1
νεότης, -ητος, ἡ: youth, 2
νή: by + acc.; invoking a divinity, 2
ὁδός, ἡ: road, way, path, journey, 1
ὀδύρομαι: to lament, bewail, mourn, 1
ὀλοφύρομαι: to lament, bewail, mourn, 1

οὐδός, ὁ: threshold, entrance, 1
παλαιός, -ά, -όν: old, aged, ancient, 1
παρα-πλήσιος, -α, -ον: resembling, similar, 1
παροιμία, ἡ: saying, proverb, maxim, 1
Πειραιεύς, Πειραῶς, ὁ: Piraeus, 2
πλεῖστος, -η, -ον: most, greatest, 3
ποιητής, οῦ, ὁ: maker, creator, poet, 3
ποῖος, -α, -ον: what sort of? what kind of?, 2
ποθέω: to long for, yearn after, 1
πολλάκις: many times, often, frequently, 3
πορεύομαι: to travel, journey, march, 2
πότος, ὁ: drinking, 1
πρεσβύτης, ὁ: old man, 2
προ-έρχομαι: to go before(hand), advance, 1
προπηλάκισις, ἡ: abuse, abuse treatment, 1
πυκνός, ή, όν: frequent; compact, stout, 1
πυνθάνομαι: to learn by inquiry or hearsay, 5
σύν-ειμι: to be with, associate with (+ dat.) 2
συν-έρχομαι: to go together or in company, 2
σφεῖς: they, 2
σφόδρα: very, exceedingly, earnestly, 3
τραχύς, εῖα, ύ: rough, ragged, harsh, 1
ὑμνέω: to sing, laud, celebrate; recite, 1
φοιτάω: to go to and fro, visit, 1
χαίρω: to rejoice, enjoy; fare well, 1

---

c7 χρῆν: it was proper (to visit); impf. χρή
  εἰ...ἦ,...ἂν ἔδει: if I were...it would be
  necessary; contrary-to-fact condition:
  1st sg. impf. εἰμί and ἄν + impf. δεῖ
c8 τοῦ...πορεύεσθαι: of...ing; articular inf.
  οὐδὲν: not at all; adverbial acc.
d1 ἰέναι: inf. ἔρχομαι
  ἄν...ᾖμεν: would...; 1st pl. impf. ἔρχομαι
  in the apodosis of the same contrafactual
  πυκνότερον: comparative adverb
d2 ἴσθι: singular imperative οἶδα
  ὅσον...τοσοῦτον: as much as...so much;
  correlatives, inner acc. or acc. of extent
d3 αὐξονται: fut. deponent αὐξάνω
d4 μὴ...ποίει: negative pres. imper.; ποίε-ε
d5 σύνισθι: associate with; sg. imper. σύν-
  ειμι or perhaps imper. σύν-οιδα
d6 φοίτα: φοίτα-ε, α-contract imperative
  ὡς: as if, just as
d7 καὶ μήν...γε: and truly...; consents and
  marks the enclosed χαίρω as something
  of greater importance
e1 χρῆναι: it is necessary; inf. χρή

e2 τινὰ ὁδόν: over a road; acc. of extent
  προεληλυθότων: gen. pl. pf. act. pple
  προ-έρχομαι
  ἦν: over which (road)..; acc. of extent
  καὶ: also; adverbial
e3 δεήσει: fut. impersonal δεῖ
  ποία τίς: whatever sort...; governed by
  πυνθάνομαι
e4 καὶ δὴ καὶ: in particular; and indeed also
  ἂν πυθοίμην: I would learn; potential opt.
e5 ὅτι: what;. ὅ τί
  ἐνταῦθα: at that point; + partitive gen.
  εἶ: 2nd sg. pres. εἰμί
e6 ἐπὶ...οὐδῷ: on the threshold of old age
  πότερον...ἢ: whether (it is)...or; in
  response to ὅτι...τοῦτο above
329a1 νὴ τὸν Δία: by Zeus; acc. sg. Ζεύς
  a2 εἰς ταὐτὸν: to the same place; τὸ αὐτὸν
  a4 συνιόντες: nom. pl. pple σύν-έρχομαι
  a6 ἄλλ᾽ ἄττα: some other things ἄλλα τινά
  a7 ἔχεται: pertain to; "cling" + partitive gen
  ὡς...: since; + participles, alleged cause
b2 ἐπὶ τούτῳ δὴ: on this very condition

ταῦτα ἐπεπόνθη, ἕνεκά γε γήρως, καὶ οἱ ἄλλοι πάντες ὅσοι
ἐνταῦθα ἦλθον ἡλικίας. νῦν δ' ἔγωγε ἤδη ἐντετύχηκα οὐχ
οὕτως ἔχουσιν καὶ ἄλλοις, καὶ δὴ καὶ Σοφοκλεῖ ποτε τῷ
ποιητῇ παρεγενόμην ἐρωτωμένῳ ὑπό τινος· "πῶς," ἔφη,
c "ὦ Σοφόκλεις, ἔχεις πρὸς τἀφροδίσια; ἔτι οἷός τε εἶ
γυναικὶ συγγίγνεσθαι"; καὶ ὅς, "εὐφήμει," ἔφη, "ὦ
ἄνθρωπε· ἀσμενέστατα μέντοι αὐτὸ ἀπέφυγον, ὥσπερ λυτ-
τῶντά τινα καὶ ἄγριον δεσπότην ἀποδράς." εὖ οὖν μοι καὶ
5 τότε ἔδοξεν ἐκεῖνος εἰπεῖν, καὶ νῦν οὐχ ἧττον. παντάπασι
γὰρ τῶν γε τοιούτων ἐν τῷ γήρᾳ πολλὴ εἰρήνη γίγνεται καὶ
ἐλευθερία· ἐπειδὰν αἱ ἐπιθυμίαι παύσωνται κατατείνουσαι
καὶ χαλάσωσιν, παντάπασιν τὸ τοῦ Σοφοκλέους γίγνεται,
d δεσποτῶν πάνυ πολλῶν ἐστι καὶ μαινομένων ἀπηλλάχθαι.
ἀλλὰ καὶ τούτων πέρι καὶ τῶν γε πρὸς τοὺς οἰκείους μία τις
αἰτία ἐστίν, οὐ τὸ γῆρας, ὦ Σώκρατες, ἀλλ' ὁ τρόπος τῶν
ἀνθρώπων. ἂν μὲν γὰρ κόσμιοι καὶ εὔκολοι ὦσιν, καὶ τὸ
5 γῆρας μετρίως ἐστὶν ἐπίπονον· εἰ δὲ μή, καὶ γῆρας, ὦ
Σώκρατες, καὶ νεότης χαλεπὴ τῷ τοιούτῳ συμβαίνει.
Καὶ ἐγὼ ἀγασθεὶς αὐτοῦ εἰπόντος ταῦτα, βουλόμενος ἔτι
e λέγειν αὐτὸν ἐκίνουν καὶ εἶπον· ὦ Κέφαλε, οἶμαί σου τοὺς
πολλούς, ὅταν ταῦτα λέγῃς, οὐκ ἀποδέχεσθαι ἀλλ' ἡγεῖσθαί
σε ῥᾳδίως τὸ γῆρας φέρειν οὐ διὰ τὸν τρόπον ἀλλὰ διὰ
τὸ πολλὴν οὐσίαν κεκτῆσθαι· τοῖς γὰρ πλουσίοις πολλὰ
5 παραμύθιά φασιν εἶναι.
Ἀληθῆ, ἔφη, λέγεις· οὐ γὰρ ἀποδέχονται. καὶ λέγουσι
μέν τι, οὐ μέντοι γε ὅσον οἴονται· ἀλλὰ τὸ τοῦ Θεμιστο-
κλέους εὖ ἔχει, ὃς τῷ Σεριφίῳ λοιδορουμένῳ καὶ λέγοντι

ἄγαμαι: to wonder at, admire (gen) 2
ἄγριος, -α, -ον: wild, fierce, 1
αἰτία, ἡ: cause, responsibility, blame, 1
ἀπ-αλλάσσω: to set free, release, deliver, 1
ἀπο-δέχομαι: to accept, receive, 5
ἀπο-διδράσκω: to run away, flee, escape, 1
ἀπο-φεύγω: to flee from, escape, 1
ἀσμενής, -ές: well-pleased, glad, 2
ἀφροδίσιος, -α, -ον: of Aphrodite; sex 2
γυνή, γυναικός, ἡ: a woman, wife, 1
δεσπότης, ὁ: master, lord, 3
εἰρήνη, ἡ: peace, 3
ἐλευθερία, ἡ: freedom, liberty, 1
ἐν-ταῦθα: here, hither, there, thither, then, 5
ἐν-τυγχάνω: to chance upon, encounter, 1
ἐπι-θυμία, ἡ: desire, longing, yearning, 2
ἐπί-πονος, -ον: painful, toilsome, laborious, 1
εὔ-κολος, -ον: easily satisfied; contented, 1
εὐ-φημέω: to keep religious silence, be quiet, 1
ἡλικία, ἡ: age, time of life, 3
Θεμιστοκλῆς, ὁ: Themistocles, 1

κατα-τείνω: to draw taut, stretch, extend, 1
κινέω: set in motion, move; arouse, irritate 1
κόσμιος, -α, -ον: well-ordered, moderate, 2
λοιδορέω: to abuse, rail against, revile, 1
λυττάω: to rage, rave, be mad, 1
μαίνομαι: to be mad, rage, be furious, 3
μέτριος, -α, -ον: moderate, well, fair, 2
νεότης, -ητος, ἡ: youth, 2
οὐσία, ἡ: property; essence, substance, 3
παρα-γίγνομαι: come near, be present (dat.) 1
παρα-μυθίον, τό: abatement, comfort, 1
παύω: to stop, make cease, 1
πλούσιος, -α, -ον: rich, wealthy, opulent, 3
ποιητής, οῦ, ὁ: maker, creator, poet, 3
Σερίφιος, ὁ: Seriphius, 2
Σοφοκλέης, Σοφοκλέους, ὁ: Sophocles, 3
συγ-γίγνομαι: to be with, associate with, 2
συμ-βαίνω: to happen, occur, 5
τρόπος, ὁ: a manner, way; turn, direction, 4
φέρω: to bear, carry, bring, convey, 5
χαλάω: to slacken, loosen, release, 1

---

b5 κἄν...ἐπεπόνθη: *were...then I would have experienced*; contrafactual; plpf. πάσχω
γήρως: γήρα-ος, gen. object of ἕνεκα
b6 ἐντετύχηκα: 1st sg. pf. ἐν-τυγχάνω
b7 οὕτως ἔχουσι: *being so disposed*; dat. pl. pple, ἔχω + adv. is translated often as "to be disposed" + adv. or "to be" + adj.
καὶ δὴ καὶ: *in particular*; and indeed also
ὑπό τινος *by someone*; gen. of agent, governed by the pres. pass. pple ἐρωτάω
c1 Πῶς ἔχεις: *How do you feel*; "How are you disposed," see b7
οἷος τε εἶ: *are you able*; "are you such," οἷος τε + εἰμί is an idiom for "be able"
c2 καὶ ὅς: *and that one...*; demonstrative
Εὐφήμει: *keep quiet*; εὐφήμε-ε, sg. imper.
c3 ἀσμενέστατα: superlative adverb
μέντοι: *certainly, of course*; eager assent
λυττῶντα: λυττάοντα, acc. pres. pple
c4 ἀποδράς: nom. aor. pple ἀποδιδράσκω
καὶ τότε: *even at that time*; καὶ is an adv.

c5 ἧττον: *less*; comparative adverb, ἥττων
c6 τῶν γε τοιούτων: *from...*; gen. separation
c7 ἐπειδὰν: *whenever*; ἄν + aor. subjunctive
παύω, χαλάω; pres. general condition
c8 τὸ τοῦ...: *that (response) of Sophocles*
γίγνεται: *comes to pass*
d1 δεσποτῶν: *from...*; large gen. separation
ἐστι: *(it) is* + inf.; i.e. old age
ἀπηλλάχθαι: *to be freed from*; pf. pass.
d2 τούτων πέρι: *both regarding these and..*
d4 ἄν...ὦσιν: *if they are*; ἐὰν + 3rd pl. subj.
d6 τῷ τοιούτῳ: *for such a person*; interest
d7 ἀγασθεὶς: *struck with amazement at him*; + gen.; nom. sg. inceptive aorist dep. pple
οἶμαι: *I suppose that*; syncopated οἴομαι
σου: *accept (this) from you*; gen. source
e1 οἶμαι: *I suppose that*; syncopated οἴομαι
σου: *accept (this) from you*; gen. source
e2 ἡγεῖσθαι: *believe*; πολλούς is acc. subj.
e4 κεκτῆσθαι: pf. inf. κτάομαι
τοῖς πλουσίοις: dat. poss. with inf. εἰμί
e7 τι: *something (important)*
τὸ...εὖ ἔχει: *the response..is good*; cf. b7

3rd Decl. Nouns	Nom.	Σωκράτης	Σοφοκλῆς (έ-ης)	γῆρας (old age)
ε(σ)- & α-stem	Gen.	Σωκράτους (ε-ος)	Σοφολέους (έ-εος)	γήρως (α-ος)
	Dat.	Σωκράτει (ε-ι)	Σοφοκλεῖ (έ-ει)	γήρᾳ (α-ι)
	Acc.	Σωκράτη (ε-α)	Σοφοκλέα (έ-εα)	γῆρας
	Voc.	Σώκρατες	Σοφόκλεις (ε-ες)	γῆρας

330 ὅτι οὐ δι' αὐτὸν ἀλλὰ διὰ τὴν πόλιν εὐδοκιμοῖ, ἀπεκρίνατο
ὅτι οὔτ' ἂν αὐτὸς Σερίφιος ὢν ὀνομαστὸς ἐγένετο οὔτ'
ἐκεῖνος Ἀθηναῖος. καὶ τοῖς δὴ μὴ πλουσίοις, χαλεπῶς δὲ
τὸ γῆρας φέρουσιν, εὖ ἔχει ὁ αὐτὸς λόγος, ὅτι οὔτ' ἂν ὁ
5 ἐπιεικὴς πάνυ τι ῥᾳδίως γῆρας μετὰ πενίας ἐνέγκοι οὔθ'
ὁ μὴ ἐπιεικὴς πλουτήσας εὔκολός ποτ' ἂν ἑαυτῷ γένοιτο.

Πότερον δέ, ἦν δ' ἐγώ, ὦ Κέφαλε, ὧν κέκτησαι τὰ πλείω
παρέλαβες ἢ ἐπεκτήσω;

b Ποῖ ' ἐπεκτησάμην, ἔφη, ὦ Σώκρατες; μέσος τις γέγονα
χρηματιστὴς τοῦ τε πάππου καὶ τοῦ πατρός. ὁ μὲν γὰρ
πάππος τε καὶ ὁμώνυμος ἐμοὶ σχεδόν τι ὅσην ἐγὼ νῦν
οὐσίαν κέκτημαι παραλαβὼν πολλάκις τοσαύτην ἐποίησεν,
5 Λυσανίας δὲ ὁ πατὴρ ἔτι ἐλάττω αὐτὴν ἐποίησε τῆς νῦν
οὔσης· ἐγὼ δὲ ἀγαπῶ ἐὰν μὴ ἐλάττω καταλίπω τούτοισιν,
ἀλλὰ βραχεῖ γέ τινι πλείω ἢ παρέλαβον.

Οὗ τοι ἕνεκα ἠρόμην, ἦν δ' ἐγώ, ὅτι μοι ἔδοξας οὐ σφόδρα
c ἀγαπᾶν τὰ χρήματα, τοῦτο δὲ ποιοῦσιν ὡς τὸ πολὺ οἳ ἂν
μὴ αὐτοὶ κτήσωνται· οἱ δὲ κτησάμενοι διπλῇ ἢ οἱ ἄλλοι
ἀσπάζονται αὐτά. ὥσπερ γὰρ οἱ ποιηταὶ τὰ αὑτῶν ποιή-
ματα καὶ οἱ πατέρες τοὺς παῖδας ἀγαπῶσιν, ταύτῃ τε δὴ καὶ
5 οἱ χρηματισάμενοι περὶ τὰ χρήματα σπουδάζουσιν ὡς ἔργον
ἑαυτῶν, καὶ κατὰ τὴν χρείαν ᾗπερ οἱ ἄλλοι. χαλεποὶ οὖν καὶ
συγγενέσθαι εἰσίν, οὐδὲν ἐθέλοντες ἐπαινεῖν ἀλλ' ἢ τὸν
πλοῦτον.

Ἀληθῆ, ἔφη, λέγεις.

d Πάνυ μὲν οὖν, ἦν δ' ἐγώ. ἀλλά μοι ἔτι τοσόνδε εἰπέ·
τί μέγιστον οἴει ἀγαθὸν ἀπολελαυκέναι τοῦ πολλὴν οὐσίαν
κεκτῆσθαι;

ἀγαπάω: to love, be fond of; satisfy, 4
Ἀθηναῖος, -α, -ον: Athenian, of Athens, 1
ἀπο-λαύω: to enjoy, have enjoyment (gen.), 2
ἀσπάζομαι: to welcome, embrace, 2
βραχύς, -εῖα, -ύ: short, 1
διπλόος, -η, -ον: twofold, double, 1
ἐλάττων, -ον: smaller, fewer, 5
ἐπαινέω: to praise, approve, commend, 3
ἐπι-εικής, -ές: fitting, suitable, reasonable, 5
ἐπι-κτάομαι: to acquire in addition, 2
ἐρέομαι: to ask, enquire, 1
εὐ-δοκιμέω: to be of good repute, esteemed, 2
εὔ-κολος, -ον: easily satisfied; contented, 1
κατα-λείπω: to leave behind, abandon, 1
Λυσανίας, ὁ: Lysanias, 1
μέσος, - η, -ον: middle, in the middle of, 2
ὁμ-ώνυμος, -η, -ον: having the same name, 1
ὀνομαστός, -ή, -όν: named, notable, famous, 1
οὐσία, ἡ: property; essence, substance, 3
παῖς, παιδός, ὁ, ἡ: a child, boy, girl; slave, 4
πάππος, ὁ: grandfather; ancestor, 3
παρα-λαμβάνω: to receive from, 3

πατήρ, ὁ: a father, 4
πενία, ἡ: poverty, need, 1
πλούσιος, -α, -ον: rich, wealthy, opulent, 3
πλουτέω: to be rich, wealthy, 1
πλοῦτος, ὁ: wealth, riches, 2
ποίημα, -ατος, τό: poem; product, 1
ποιητής, οῦ, ὁ: maker, creator, poet, 3
ποῖος, -α, -ον: what sort of? what kind of?, 2
πολλάκις: many times, often, frequently, 3
Σερίφιος, ὁ: Seriphius, 2
σπουδάζω: to be serious, be eager, hasten 2
συγ-γίγνομαι: to engage or associate with, 2
σφόδρα: very much, exceedingly, earnestly, 3
σχεδόν: nearly, almost, just about, 1
ταύτῃ: in this respect, in this way, so, thus, 2
τοι: ya know, let me tell you, surely, 3
τοσόσδε, -ήδε, -όνδε: so great, much, many 3
τοσοῦτος, -αύτη, -οῦτο: so great, so many, 2
φέρω: to bear, carry, bring, convey, 5
χρεία, ἡ: use, advantage, service; need, 3
χρηματίζω: to negotiate, transact business, 1
χρηματιστής, ὁ: money-maker, 4

330a1 δι᾽ αὑτὸν: *through himself;* ἑαυτὸν
   εὐδοκιμοῖ: εὐδοκιμέοι, pres opt. replacing
   a past indicative in secondary sequence
a2 ἂν αὑτός...ἐγένετο: *he himself would not*
   become...; ἄν + aor. ind. is past potential
   (unrealized); the subject is Themistocles
   ὤν: *if he were;* "being" pres. pple. εἰμί in
   place of a protasis, pres. contrary-to-fact
a3 ἐκεῖνος Ἀθηναῖος: "that one" is
   Seriphius, supply the parallel clause ὤν,
   ἂν ὀνομαστὸς ἐγένετο
a4 φέρουσιν: *bearing;* dat. pl. pple φέρω
   εὖ ἔχει: *is good;* "holds well," ἔχω + adv.
   αὐτός: *the same;* attributive position
   ὅτι: *(namely) that;* clarifying λόγος
   ἄν...ἐνέγκοι: *would bear;* "endure" ἄν +
   aor. potential opt. φέρω (ἐνεγκ)
a5 ὁ ἐπιεικής: *the reasonable man*
a6 ὁ μὴ ἐπιεικής: *the unreasonable man*
   ἄν...γένοιτο: *would...;* aor. potential opt.
   ποτ᾽: ποτε
   ἑαυτῷ: *with himself*
a7 Πότερον...ἤ: begins an either-or question
   ὤν: *(of the things) which;* τούτων ἅ,
   acc. attracted to gen. of lost antecedent
   κέκτησαι: 2nd sg. pf. κτάομαι
   τὰ πλείω: πλείο(ν)α, comparative n. pl.

a8 παρέλαβες: 2nd sg. aor. παραλαμβάνω
   ἐπεκτήσω: ἐπ-εκτήσα(σ)ο, 2nd sg. aor.
b1 Ποῖ᾽: *What sort...?;* Ποῖα, neuter pl.
   γέγονα: 1st sg. pf. γίγνομαι
b2 ὁμώνυμος: same person as πάππος
   σχεδόν τι: *somewhat almost, just about*
b5 ἐλάττω: ἐλάττο(ν)α, comparative adj.
   τῆς...οὔσης: *than...;* gen. of comparison,
   pres. pple. εἰμί; οὐσίαν is fem. sg.
b6 ἀγαπῶ: *I am satisfied*
   ἐλάττω: ἐλάττο(ν)α, comparative adj.
   καταλίπω: 1st sg. aor. subj. καταλείπω
   τούτοισιν: *for these sons;* dat. of interest
b7 βραχεῖ...τινι: *a little bit;* dat. degree of
   difference with πλείω, πλείο(ν)α cf. a7
b8 Οὖ.ὅτι: *this...namely that;* demonstrative
c1 ἀγαπᾶν: pres. inf. α-contract verb
   ὡς τὸ πολύ: *for the most part, generally*
c4 ταύτῃ...δὴ καὶ: *in this very way in fact*
c5 ὡς ἔργον: *as if their creation;* "product"
   κατὰ...χρείαν: *in its use, owing to its use*
c6 ἥπερ: *in which way;* add σπουδάζουσιν
c7 συγγενέσθαι: explanatory inf. + χαλεποὶ
   οὐδὲν....ἀλλο ἤ: *nothing other than*
d2 οἴει: *you suppose;* οἴε(σ)αι, 2nd sg. pres.
   τοῦ κεκτῆσθαι: articular inf. + ἀπολαύω

Ὅ ἦ δ' ὅς, ἴσως οὐκ ἂν πολλοὺς πείσαιμι λέγων. εὖ
5 γὰρ ἴσθι, ἔφη, ὦ Σώκρατες, ὅτι, ἐπειδάν τις ἐγγὺς ᾖ τοῦ
οἴεσθαι τελευτήσειν, εἰσέρχεται αὐτῷ δέος καὶ φροντὶς περὶ
ὧν ἔμπροσθεν οὐκ εἰσῄει. οἵ τε γὰρ λεγόμενοι μῦθοι περὶ
τῶν ἐν Ἅιδου, ὡς τὸν ἐνθάδε ἀδικήσαντα δεῖ ἐκεῖ διδόναι
e δίκην, καταγελώμενοι τέως, τότε δὴ στρέφουσιν αὐτοῦ τὴν
ψυχὴν μὴ ἀληθεῖς ὦσιν· καὶ αὐτός—ἤτοι ὑπὸ τῆς τοῦ γήρως
ἀσθενείας ἢ καὶ ὥσπερ ἤδη ἐγγυτέρω ὢν τῶν ἐκεῖ μᾶλλόν
τι καθορᾷ αὐτά—ὑποψίας δ' οὖν καὶ δείματος μεστὸς γίγνε-
5 ται καὶ ἀναλογίζεται ἤδη καὶ σκοπεῖ εἴ τινά τι ἠδίκησεν.
ὁ μὲν οὖν εὑρίσκων ἑαυτοῦ ἐν τῷ βίῳ πολλὰ ἀδικήματα καὶ
ἐκ τῶν ὕπνων, ὥσπερ οἱ παῖδες, θαμὰ ἐγειρόμενος δειμαίνει
331 καὶ ζῇ μετὰ κακῆς ἐλπίδος· τῷ δὲ μηδὲν ἑαυτῷ ἄδικον
συνειδότι ἡδεῖα ἐλπὶς ἀεὶ πάρεστι καὶ ἀγαθὴ 'γηροτρόφος',
ὡς καὶ Πίνδαρος λέγει. χαριέντως γάρ τοι, ὦ Σώκρατες,
τοῦτ' ἐκεῖνος εἶπεν, ὅτι ὃς ἂν δικαίως καὶ ὁσίως τὸν βίον
5 διαγάγῃ,

> γλυκεῖά οἱ καρδίαν
> ἀτάλλοισα γηροτρόφος συναορεῖ
> ἐλπὶς ἃ μάλιστα θνατῶν πολύστροφον
> γνώμαν κυβερνᾷ.

10 εὖ οὖν λέγει θαυμαστῶς ὡς σφόδρα. πρὸς δὴ τοῦτ' ἔγωγε
τίθημι τὴν τῶν χρημάτων κτῆσιν πλείστου ἀξίαν εἶναι, οὔ
b τι παντὶ ἀνδρὶ ἀλλὰ τῷ ἐπιεικεῖ καὶ κοσμίῳ. τὸ γὰρ μηδὲ
ἄκοντά τινα ἐξαπατῆσαι ἢ ψεύσασθαι, μηδ' αὖ ὀφείλοντα ἢ
θεῷ θυσίας τινὰς ἢ ἀνθρώπῳ χρήματα ἔπειτα ἐκεῖσε ἀπιέναι
δεδιότα, μέγα μέρος εἰς τοῦτο ἡ τῶν χρημάτων κτῆσις συμ-

Ἅδης, ὁ: Hades or Pluto, 1
ἀ-δίκημα, -ατος, τό: a wrong, wrong-doing, 1
ἀεί: always, forever, in every case, 2
ἀνα-λογίζομαι: to reckon up, sum up, 1
ἀξία, ἡ: worth, value, 1
ἀ-σθένεια, ἡ: weakness, feebleness, 1
ἀτάλλω: to skip, gambol, 1
γηρο-τρόφος, -ον: nourishing in old age, 2
γλυκύς, -εῖα, -ύ: sweet, pleasant, delightful, 1
γνώμη, ἡ: thought, judgement, opinion, 1
δείδω: to fear, 3
δεῖμα, -ατος, τό: fear, dread, 1
δειμαίνω: to be afraid, be in a fright, 1
δέος, δέους, τό: fear, alarm, dread, awe, 1
δι-άγω: to live, pass, go through, 2
δίδωμι: to give, offer, grant, provide, 1
δίκη, ἡ: justice; lawsuit, trial; penalty, 1
ἐγείρω: to awaken, wake up, rouse, 1
ἐγγύς: near (+ gen.); adv. nearby, 2
ἐγγύτερω: nearer, closer, at hand, 1
εἰσ-έρχομαι: to go in, enter, 2
ἐκεῖ: there, in that place, 2
ἐκεῖ-σε: thither, to that place, 1
ἐλπίς, -ίδος, ἡ: hope, expectation, 3
ἔμ-προσθεν: before, previously; earlier, 3
ἐν-θάδε: hither, thither, 5
ἐξ-απατάω: to deceive, beguile, 2
ἐπι-εικής, -ές: fitting, suitable, reasonable, 5
εὑρίσκω: to find, discover, devise, invent, 4
ἡδύς, -εῖα, -ύ: sweet, pleasant, glad, 4
ἤτοι: now surely, truly, 2
θαμά: often, 1

θαυμαστός, -ή, -όν: wonderful, marvelous, 2
θεός, ὁ: a god, divinity, 5
θνητός, -ή, -όν: liable to death, mortal, 1
θυσία, ἡ: an offering, sacrifice, 1
καθ-οράω: to look down, perceive, 2
καρδία, ἡ: the heart, 1
κατα-γελάω: to laugh (at), mock, 1
κόσμιος, -α, -ον: well-ordered, moderate, 2
κτῆσις, -εως, ἡ: possession, acquisition, 5
κυβερνάω: to be a helmsman; steer, govern, 2
μέρος, -έος, τό: a part, share, portion, 5
μεστός, -ή, -όν: full, filled, filled full, 1
μῦθος, ὁ: story, word, speech, 2
ὅσιος, -α, -ον: hallowed, sacred, ordained, 2
παῖς, παιδός, ὁ, ἡ: a child, boy, girl; slave, 4
πάρ-ειμι: to be near, be present, be at hand, 3
Πίνδαρος, ὁ: Pindar, 1
πλεῖστος, -η, -ον: most, greatest, 3
πολύστροφος, -ον: versatile, much-twisted, 1
στρέφω: to turn, twist, 1
συμ-βάλλω: to contribute; join in battle, 1
συν-αορέω: to accompany, join with, 1
σύν-οιδα: to know with, be conscious of, 2
σφόδρα: very much, exceedingly, earnestly, 3
τελευτάω: to end, complete, finish; die, 3
τέως: up to this time; till then, as long as, 1
τοι: ya know, let me tell you, surely, 3
ὕπνος, ὁ: sleep, slumber, 1
ὑπ-οψία, ἡ: suspicion, jealousy, 1
φροντίς, -ίδος, ὁ: throught, care, concern, 1
χαριέντως: charmingly, gracefully, lovely, 1
ψεύδομαι: mid. to lie, cheat, beguile, 2

---

d4 "Ο...λέγων: saying this; "saying which,"
　　ἄν...πείσαιμι: potential aor. opt. πείθω
　　ἴσθι: sg. imperative οἶδα
d5 ᾖ: whenever...is; 3rd sg. pres. subj. εἰμί,
　　ἐγγύς...τοῦ οἴεσθαι: close to thinking;
　　articular infinitive
d7 εἰσῄει: 3rd sg. impf. εἰσ-έρχομαι
d8 τῶν ἐν Ἅιδου: affairs in Hades' (house)
　　ὡς: (namely) how
　　διδόναι δίκην: to pay the penalty
e1 καταγελώμενοι: mocked up to this time
　　στρέφουσιν: subject is οἱ μῦθοι above
　　μὴ...ὦσιν: lest the stories...are; clause of
　　fearing, 3rd pl. pres. subj. εἰμί
e2 καὶ αὐτός: and he himself; αὐτοῦ above
　　ὑπό: because of + gen.
e3 καὶ ὥσπερ...ὤν: as if being...; ὡς(περ)

+ pple describes an alleged cause
　　τῶν ἐκεῖ: those things there; in Hades,
　　gen. object of comparative ἐγγυτέρω
　　μᾶλλόν τι: somewhat better; τι is adv.
　　acc. (or acc. of extent by degree)
e4 αὐτά: them; i.e. the τῶν ἐκεῖ
　　δ᾿ οὖν: but at any rate
e5 τινά τι: wrong someone in something;
　　verb can take a double acc. of the person
　　wronged (τινά) and an inner acc. (τι)
e6 καί: even
331a5 ἂν διαγάγῃ: 3rd sg. aor. subj. διάγω
b1 τῷ...κοσμίῳ: to the reasonable and well-
　　ordered person
b2 ἐξαπατῆσαι: aor. inf. ἐξ-απατάω
b3 ἀπιέναι: inf. ἀπ-έρχομαι
b4 δεδιότα: acc. sg. pf. pple. δείδω

5 βάλλεται. ἔχει δὲ καὶ ἄλλας χρείας πολλάς· ἀλλὰ ἕν γε
ἀνθ᾽ ἑνὸς οὐκ ἐλάχιστον ἔγωγε θείην ἂν εἰς τοῦτο ἀνδρὶ
νοῦν ἔχοντι, ὦ Σώκρατες, πλοῦτον χρησιμώτατον εἶναι.

c   Παγκάλως, ἦν δ᾽ ἐγώ, λέγεις, ὦ Κέφαλε. τοῦτο δ᾽ αὐτό,
τὴν δικαιοσύνην, πότερα τὴν ἀλήθειαν αὐτὸ φήσομεν εἶναι
ἁπλῶς οὕτως καὶ τὸ ἀποδιδόναι ἄν τίς τι παρά του λάβῃ, ἢ
καὶ αὐτὰ ταῦτα ἔστιν ἐνίοτε μὲν δικαίως, ἐνίοτε δὲ ἀδίκως
5 ποιεῖν; οἷον τοιόνδε λέγω· πᾶς ἄν που εἴποι, εἴ τις λάβοι
παρὰ φίλου ἀνδρὸς σωφρονοῦντος ὅπλα, εἰ μανεὶς ἀπαιτοῖ,
ὅτι οὔτε χρὴ τὰ τοιαῦτα ἀποδιδόναι, οὔτε δίκαιος ἂν εἴη ὁ
ἀποδιδούς, οὐδ᾽ αὖ πρὸς τὸν οὕτως ἔχοντα πάντα ἐθέλων
τἀληθῆ λέγειν.

d   Ὀρθῶς, ἔφη, λέγεις.
    οὐκ ἄρα οὗτος ὅρος ἐστὶν δικαιοσύνης, ἀληθῆ τε λέγειν
καὶ ἃ ἂν λάβῃ τις ἀποδιδόναι.

    Πάνυ μὲν οὖν, ἔφη, ὦ Σώκρατες, ὑπολαβὼν ὁ Πολέμαρχος,
5 εἴπερ γέ τι χρὴ Σιμωνίδῃ πείθεσθαι.

    Καὶ μέντοι, ἔφη ὁ Κέφαλος, καὶ παραδίδωμι ὑμῖν τὸν
λόγον· δεῖ γάρ με ἤδη τῶν ἱερῶν ἐπιμεληθῆναι.

    Οὐκοῦν, ἔφη, ἐγώ, ὁ Πολέμαρχος, τῶν γε σῶν κληρονόμος;
    Πάνυ γε, ἦ δ᾽ ὃς γελάσας, καὶ ἅμα ᾔει πρὸς τὰ ἱερά.

e   Λέγε δή, εἶπον ἐγώ, σὺ ὁ τοῦ λόγου κληρονόμος, τί φῂς
τὸν Σιμωνίδην λέγοντα ὀρθῶς λέγειν περὶ δικαιοσύνης;

    Ὅτι, ἦ δ᾽ ὅς, τὸ τὰ ὀφειλόμενα ἑκάστῳ ἀποδιδόναι
δίκαιόν ἐστι· τοῦτο λέγων δοκεῖ ἔμοιγε καλῶς λέγειν.

5   Ἀλλὰ μέντοι, ἦν δ᾽ ἐγώ, Σιμωνίδῃ γε οὐ ῥᾴδιον ἀπι-
στεῖν—σοφὸς γὰρ καὶ θεῖος ἀνήρ—τοῦτο μέντοι ὅτι ποτὲ
λέγει, σὺ μέν, ὦ Πολέμαρχε, ἴσως γιγνώσκεις, ἐγὼ δὲ
ἀγνοῶ· δῆλον γὰρ ὅτι οὐ τοῦτο λέγει, ὅπερ ἄρτι ἐλέγομεν,

ἀλήθεια, ἡ: truth, 2
ἅμα: at the same time; along with (dat.), 5
ἀντί: instead of, in place of (+ gen.), 5
ἀπ-αιτέω: to ask back, demand back, 3
ἀ-πιστέω: to distrust, not believe (+ dat.), 1
ἁπλῶς: singly, plainly, absolutely, 2
γελάω: to laugh, 1
γιγνώσκω: to come to know, learn, realize, 5
εἴπερ: if really, if in fact (to imply doubt), 5
ἐλάχιστος, -η, -ον: smallest, least, 1
ἐνί-οτε: sometimes, 5
ἐπι-μελέομαι: to take care, care for (+ dat.), 3
θεῖος, -α, -ον: divine, sent by the gods, 3

ἱερός, -ή, -όν: holy, divine; sacred rites, 3
κληρο-νόμος, ὁ: heir, inheritor, 2
μαίνομαι: to be mad, rage, be furious, 3
νοῦς, ὁ: mind, intention, attention, thought, 3
ὅπλον, τό: arms, weapons, tools, 1
ὅρος, ὁ: definition; boundary, marker, 1
πάγ-καλος, -η, -ον: all-beautiful, -noble, 2
παρα-δίδωμι: to hand over, transmit, 1
πλοῦτος, ὁ: wealth, riches, 2
σωφρονέω: to be prudent, temperate, 1
τοιόσδε, -άδε, -όνδε: such (as this), 5
ὑπο-λαμβάνω: to take up, reply; suppose, 5
χρεία, ἡ: use, advantage, service; need, 3

---

b5 ἕν γε ἀνθ᾽ ἑνός: (setting) one thing against (another) one
b6 οὐκ ἐλάχιστον...εἰς τοῦτο: for this (purpose) not least...(namely that) θείην: I would set forth, I would propose; aor. potential opt. τίθημι ἀνδρὶ νοῦν ἔχοντι: for a man having (good) sense; dat. of interest εἶναι: inf. εἰμί, πλοῦτον is acc. subject
c1 τοῦτο δ᾽ αὐτό, τὴν δικαιοσύνην: (as for) this thing itself, justice,; "in respect to..." acc. of respect and an appositive
c2 φήσομεν...ἤ: will we claim...or; fut. φημί τὴν ἀλήθειαν...καὶ τὸ ἀποδιδόναι: (to speak) the truth and to give back; joined by καὶ; acc. pred. of εἶναι αὐτὸ: it is; acc. subject of εἶναι
c3 ἂν λάβῃ: if someone receives something from someone; ἐάν, του is gen. τινός; 3rd sg. aor. subj., pres. general condition
c4 αὐτὰ ταῦτα: these things themselves; i.e. truth, neuter object of ποιεῖν ἔστιν ἐνίοτε μὲν...ἐνίοτε δὲ: it is possible sometimes....othertimes
c5 οἷον τοιόνδε λέγε: I mean the following example; "I mean this such sort" που: I suppose

ἄν...εἴποι..λάβοι: would...should; fut. less vivid, aor. opt. λέγω, λαμβάνω
c6 παρὰ: from (the side of); + gen. μανείς: becoming mad; inceptive aor. pple. μαίνομαι
c7 ἂν εἴη: would be; 3rd sg. pres. opt. εἰμί
c8 ὁ ἀποδιδούς: aor. pple, ἀποδίδωμι οὕτως ἔχοντα: to one being so disposed
d2 ἄρα: it turns out; for truth just realized.
d4 Πάνυ μὲν οὖν: quite, on the contrary; μὲν οὖν indicates a correction: "rather"
d7 καὶ μέντοι: and moreover... ὑπολαβὼν: nom. sg. aor. pple
d8 Οὔκουν: Then,...not?; inferential, begins question seeking a "yes" response ἐγώ: am I....; supply linking verb εἰμί τῶν γε σῶν: of your (affairs)
d9 πάνυ γε: quite so; common affirmative ἥει: 3rd sg. impf. ἔρχομαι; Cephalus goes and arrives performing sacred rites
e3 τὸ...ἀποδιδόναι: to return; articular inf.
e5 Ἀλλὰ μέντοι...γε: well certainly...at least οὐ ῥάδιον: (it is) not rather easy; ἐστίν
e6 τοῦτο...ὅτι: this which he...
e8 δῆλον...ὅτι: clearly; "(it is) clear that"

Type of Condition	Protasis (if-clause)	Apodosis (then-clause)
Simple	εἰ + any indicative	any indicative
Present General (Indefinite)	ἐάν + subjunctive (if ever)	present indicative
Past General (Indefinite)	εἰ + optative (if ever)	past indicative
Future More Vivid	ἐάν + subjunctive	future indicative
Future Less Vivid	εἰ + optative (should)	ἄν + optative (would)
Contrary to Fact	εἰ + past ind. (were/had)	ἄν + past (would/would have)

τό τινος παρακαταθεμένου τι ὁτῳοῦν μὴ σωφρόνως ἀπαι-
332 τοῦντι ἀποδιδόναι. καίτοι γε ὀφειλόμενόν πού ἐστιν τοῦτο ὃ
παρακατέθετο· ἢ γάρ;

Ναί.

Ἀποδοτέον δέ γε οὐδ᾽ ὁπωστιοῦν τότε ὁπότε τις μὴ
5 σωφρόνως ἀπαιτοῖ;

Ἀληθῆ, ἦ δ᾽ ὅς.

Ἄλλο δή τι ἢ τὸ τοιοῦτον, ὡς ἔοικεν, λέγει Σιμωνίδης τὸ
τὰ ὀφειλόμενα δίκαιον εἶναι ἀποδιδόναι.

Ἄλλο μέντοι νὴ Δί᾽, ἔφη· τοῖς γὰρ φίλοις οἴεται
10 ὀφείλειν τοὺς φίλους ἀγαθὸν μέν τι δρᾶν, κακὸν δὲ μηδέν.

Μανθάνω, ἦν δ᾽ ἐγώ—ὅτι οὐ τὰ ὀφειλόμενα ἀποδίδωσιν
ὃς ἄν τῳ χρυσίον ἀποδῷ παρακαταθεμένῳ, ἐάνπερ ἡ ἀπό-
b δοσις καὶ ἡ λῆψις βλαβερὰ γίγνηται, φίλοι δὲ ὦσιν ὅ τε
ἀπολαμβάνων καὶ ὁ ἀποδιδούς—οὐχ οὕτω λέγειν φῂς τὸν
Σιμωνίδην;

Πάνυ μὲν οὖν.

5 Τί δέ; τοῖς ἐχθροῖς ἀποδοτέον ὅτι ἂν τύχῃ ὀφειλόμενον;

Παντάπασι μὲν οὖν, ἔφη, ὅ γε ὀφείλεται αὐτοῖς, ὀφεί-
λεται δέ γε οἶμαι παρά γε τοῦ ἐχθροῦ τῷ ἐχθρῷ ὅπερ καὶ
προσήκει, κακόν τι.

Ἠινίξατο ἄρα, ἦν δ᾽ ἐγώ, ὡς ἔοικεν, ὁ Σιμωνίδης ποιη-
c τικῶς τὸ δίκαιον ὃ εἴη. διενοεῖτο μὲν γάρ, ὡς φαίνεται,
ὅτι τοῦτ᾽ εἴη δίκαιον, τὸ προσῆκον ἑκάστῳ ἀποδιδόναι, τοῦτο
δὲ ὠνόμασεν ὀφειλόμενον.

Ἀλλὰ τί οἴει; ἔφη.

5 Ὦ πρὸς Διός, ἦν δ᾽ ἐγώ, εἰ οὖν τις αὐτὸν ἤρετο· "Ὦ
Σιμωνίδη, ἡ τίσιν οὖν τί ἀποδιδοῦσα ὀφειλόμενον καὶ
προσῆκον τέχνη ἰατρικὴ καλεῖται;" τί ἂν οἴει ἡμῖν αὐτὸν
ἀποκρίνασθαι;

αἰνίττομαι: to speak in riddles, hint at, 1
ἀπ-αιτέω: to ask back, demand back, 3
ἀπό-δοσις, ἡ: giving back, return, 1
ἀπο-δοτέος, -α, -ον: to be given back, 2
ἀπο-λαμβάνω: to take or receive from, 1
βλαβερός, -ά, -όν: harmful, disadvantageous 1
δια-νοέομαι: to think, consider, intend, 4
δράω: to do, 2
καίτοι: and yet, and indeed, and further, 3
λῆψις, ἡ: receiving, acceptance, 3

νή: by + acc.; invoking a divinity, 2
ὀνομάζω: to name, call by name, 1
ὁπότε: when, by what time, 2
ὁπωστιοῦν: in any way whatever, 2
ὅστισ-οῦν, ἥτισουν, ὅτι-οῦν: whosoever, 2
παρα-κατα-τίθημι: to deposit, 4
ποιητικός, -ή, -όν: poetic, in manner of poets 1
σώφρων, -ον: sound, prudent, right-minded, 2
τύχη, ἡ: chance, luck, fortune, success, 1
χρυσίον, τό: gold coin, money; jewelry, 4

---

e9 τό...ἀποδιδόναι: to return...; articular
inf. which governs everything inbetween
τινος παρακαταθεμένου τι: after one
had deposited something; "someone
depositing something," gen. absolute
ὁτῳοῦν: to anyone whosoever...; dat. sg.
ὁτινι-οῦν, τις and οὖν make it indefinite
μή...ἀπαιτοῦντι: asking it back (though)
not in his right mind; dat. sg. pple
332a1 καίτοι γε: and yet; γε stresses καίτοι
ὀφειλόμενόν: owed; nom. predicate
πού: I suppose; acute from enclitic ἐστιν
a2 παρακατέθετο: he deposited; again, aor.
middle not passive
ἢ γάρ;: is this not so?; often in surprise,
γάρ seeks confirmation of the preceding
a4 Ἀποδοτέον: must one return; "(it is) to be
returned (by one)," verbal adj. often with
form of εἰμί + dat of agent (missing here)
δέ γέ: γε "at least," emphasizes not δέ
but Ἀποδοτέον or the entire clause
ὁπότε...ἀπαιτοῖ: when one asked; opt. in
indirect discourse. Socrates is referring to
a point admitted by Cephalus earlier in
331c6: "εἰ μανεὶς ἀπαιτοῖ..."
a7 Ἄλλο δή...ἤ: Then, is it anything other
than...; δή is inferential
τὸ τοιοῦτον...τὸ...εἶναι: such, (namely
that) it is just...; articular infinitive is in
apposition to the demonstrative
a9 μέντοι: certainly; often eager assent
νὴ Δί': by Zeus; Δία, acc. sg. Ζεύς
a10 δρᾶν: inf. α-contract δράω
a11 ἀποδίδωσιν: present 3rd singular
ὅς ἄν...ἀποδῷ: whoever returns; 3rd sg.
aor. subj. ἀποδίδωμι
a12 τῳ...παρακαταθεμένῳ: to someone
having deposited; τινι, dat. sg.
ἐάνπερ...γιγνηται...ὦσιν: if...becomes

...are; 3rd pl. pres. subj. εἰμί
b2 φῇς: 2nd sg. pres. φημί
b4 Πάνυ μὲν οὖν: quite so indeed; expresses
positive certainty, cf. 331d4
b5 Τί δέ: What?; "what about this" expresses
surprise and introduces another question
τοῖς ἐχθροῖς: dat. indirect object
ἀποδοτέον: must one return; "(is) to be
returned," verbal adj., see 332a4 above
ὅτι...τύχη: happens to be owed; ὅ τι,
3rd sg. aor. subj. τυγχάνω governs a
complementary pple
b6 μὲν οὖν: indeed; again, positive certainty
γε...γε...γε: repetition of γε suggests
that Polemarchus is irritated and wishes
to make his point emphatically
ὅ γε...κακὸν τι: (one must return) WHAT
is owed to them, and, I suppose, IT IS
OWED FROM AN ENEMY to an enemy
that very thing which in fact befits (him),
some evil; γέ stresses preceding words;
indicated in upper-case as if by shouting
c1 τὸ δίκαιον ὅ εἴη: what the just is?; "the
just, what it is" prolepsis (anticipation) is
common in Plato, opt. in secondary seq.
c2 τὸ προσῆκον: what is fitting; "that being
fitting," substantive, neuter sg. pple
c3 ὠνόμασεν: named (x) (y); double acc.
c4 Ἀλλὰ τί: Well, what do you think?; 2nd
sg. οἴομαι; ἀλλά repudiates alternatives
c5 Ὦ πρὸς Διός: O, by Zeus; ὦ is an
exclamation, not article in the vocative
εἰ...ἤρετο...ἄν ἀποκρίνασθαι: if...had
asked...he would have responded; past
contrary-to-fact condition
c6 ἡ τίσιν...τί: the art returning what (that
is) owed and befitting to whom is called
the art of medicine?; double interrogative
c7 ἄν ἀποκρίνασθαι: he would reply; cf. c5

10 Δῆλον ὅτι, ἔφη, ἡ σώμασιν φάρμακά τε καὶ σιτία καὶ ποτά.

Ἡ δὲ τίσιν τί ἀποδιδοῦσα ὀφειλόμενον καὶ προσῆκον τέχνη μαγειρικὴ καλεῖται;

d Ἡ τοῖς ὄψοις τὰ ἡδύσματα.

Εἶεν· ἡ οὖν δὴ τίσιν τί ἀποδιδοῦσα τέχνη δικαιοσύνη ἂν καλοῖτο;

5 Εἰ μέν τι, ἔφη, δεῖ ἀκολουθεῖν, ὦ Σώκρατες, τοῖς ἔμπροσθεν εἰρημένοις, ἡ τοῖς φίλοις τε καὶ ἐχθροῖς ὠφελίας τε καὶ βλάβας ἀποδιδοῦσα.

Τὸ τοὺς φίλους ἄρα εὖ ποιεῖν καὶ τοὺς ἐχθροὺς κακῶς δικαιοσύνην λέγει;

δοκεῖ μοι.

10 Τίς οὖν δυνατώτατος κάμνοντας φίλους εὖ ποιεῖν καὶ ἐχθροὺς κακῶς πρὸς νόσον καὶ ὑγίειαν;

Ἰατρός.

e Τίς δὲ πλέοντας πρὸς τὸν τῆς θαλάττης κίνδυνον;

Κυβερνήτης.

Τί δὲ ὁ δίκαιος; ἐν τίνι πράξει καὶ πρὸς τί ἔργον δυνατώτατος φίλους ὠφελεῖν καὶ ἐχθροὺς βλάπτειν;

5 Ἐν τῷ προσπολεμεῖν καὶ ἐν τῷ συμμαχεῖν, ἔμοιγε δοκεῖ.

Εἶεν· μὴ κάμνουσί γε μήν, ὦ φίλε Πολέμαρχε, ἰατρὸς ἄχρηστος.

Ἀληθῆ.

Καὶ μὴ πλέουσι δὴ κυβερνήτης.

10 Ναί.

Ἆρα καὶ τοῖς μὴ πολεμοῦσιν ὁ δίκαιος ἄχρηστος;

Οὐ πάνυ μοι δοκεῖ τοῦτο.

Χρήσιμον ἄρα καὶ ἐν εἰρήνῃ δικαιοσύνη;

333 Χρήσιμον.

Καὶ γὰρ γεωργία· ἢ οὔ;

ἀκολουθέω: to follow (+ dat.), 1
ἄ-χρηστος, -ον: useless, unprofitable, 5
βλάβη, ἡ: hurt, harm, damage, 4
γεωργία, ἡ: farming, agriculture, 1
δυνατός, -ή, -όν: capable, strong, possible, 4
εἰρήνη, ἡ: peace, 3
ἔμ-προσθεν: before, previously; earlier, 3
ἥδυσμα, -ματος, τό: seasoning, sauce, 1
θάλασσα, ἡ: sea, 2
κίνδυνος, ὁ: risk, danger, venture, 1

μαγειρικός, -ή, -όν: culinary, of cooking, 1
νόσος, ὁ: sickness, illness, disease, 2
ὄψον, τό: meat, cooked meat, 1
πολεμέω: to wage war, go to war, 2
πότον, τὸ: a drink, 1
προσ-πολεμέω: to wage war against, 1
σιτίον, τό: grain, bread, food, 2
συμ-μαχέω: fight together with, be an ally, 2
ὑγίεια, ἡ: soundness, health, 3
φάρμακον, τό: drug, medicine, 1

---

c9 **Δῆλον ὅτι**: *clearly*; "(it is) clear that"
  ἡ: *(it is) the (art returning)*; supply τέχνη
  and ἀποδιδοῦσα from above
  σώμασιν: *for bodies*; dat. pl. σῶμα, in
  response to dat. pl. interrogative τίσιν
  φάρμακά...ποτά: acc. reply to τί above
c11 **Ἡ...καλεῖται** see 332c6 above for a
  translation of a similar double question
d1 **Ἡ...ἡδύσματα**: see c9 above
d2 **Εἶεν**: *well, well then*
  οὖν δὴ: *certainly then*
d4 **τι**: *at all*; as often, adverbial acc.
  τοῖς εἰρημένοις: *the things mentioned*;
  "said," pf. mid. pple λέγω (stem ερ-)
d5 **ἡ**: *the art...*; the parallelism allows for
  ellipsis throughout these passages
d7 **τὸ...εὖ ποιεῖν...κακῶς**: *to treat...well...*
  poorly; i.e. behave toward
d8 **λέγει** *(the poet Simonides) says*
d10 **δυνατώτατος**: superlative δυνατός
  κάμνοντας: *(being) ill*
d11 **πρὸς**: *with regard to* + acc.

e1 **πλέοντας**: *sailors*; "(those) sailing"; acc.
  pl. pple πλέω; parallel to question in d10
e3 **Τί δέ**: *and what (about)*
  ὁ δίκαιος: *the just (one)*
  ἐν τίνι...πρὸς τί: *in what...and with*
  regard to what...; interrogative adjs.
e5 **ἐν τῷ προσπολεμεῖν... τῷ συμμαχεῖν**:
  articular infinitives, objects of ἐν
  ἔμοιγε: *to me at least*
e6 **μὴ κάμνουσι γε**: *for those NOT being*
  ill; dat. pl. pple of reference
  μήν: *surely, certainly*; strongly assertive
  ἰατρὸς: supply linking verb ἐστίν
e9 **Καὶ..δὴ**: *and indeed*; emphasizes the
  words intervening just as καί...γε
  μὴ πλέουσι: *for those not sailing*; cf. e6
  μὴ πολεμοῦσιν: *those waging war*; cf. e9
e13 **χρήσιμον**: *(is returning something)*
  useful; acc. sg. is not pred. to δικαιοσύνη
  but the obj. of missing pple ἀποδιδοῦσα
333a2 **καὶ γάρ γεωργία**: *yes, and farming*

"Helping Friends, Harming Enemies"

The view of justice set forth by Polemarchus was part of popular Greek morality and was expressed by a variety of authors including Polemarchus' own brother, Lysias (cont. p. 27):

Euripides, *Medea* 809-810 (tr. David Kovacs): "hurtful to foes, to friends kindly. Such persons live a life of greatest glory."

Lysias 9.20 (tr. W.R.M. Lamb): "I considered it ordained that one should harm one's enemies and serve one's friends."

Plato *Meno* 71e (tr. G.M.A. Grube): "man's virtue consists of being able to manage public affairs and in so doing to benefit his friends and harm his enemies..."

Sophocles *Antigone* 643-4 (tr. H. Lloyd-Jones): "...that they may requite the enemy with evil and honour the friend as they honour their father."

Xenophon, *Memorabilia* 2.6.35 (tr. E.C. Marchant): "A man's virtue consists in outdoing his friends in kindness and his enemies in mischief."

See M.W. Blundell's analysis of Sophocles in *Helping Friends and Harming Enemies*.

Ναί.

Πρός γε καρποῦ κτῆσιν;

5   Ναί.

Καὶ μὴν καὶ σκυτοτομική;

Ναί.

Πρός γε ὑποδημάτων ἂν οἶμαι φαίης κτῆσιν;

Πάνυ γε.

10   Τί δὲ δή; τὴν δικαιοσύνην πρὸς τίνος χρείαν ἢ κτῆσιν
ἐν εἰρήνῃ φαίης ἂν χρήσιμον εἶναι;

Πρὸς τὰ συμβόλαια, ὦ Σώκρατες.

Συμβόλαια δὲ λέγεις κοινωνήματα ἤ τι ἄλλο;

Κοινωνήματα δῆτα.

b   Ἆρ᾽ οὖν ὁ δίκαιος ἀγαθὸς καὶ χρήσιμος κοινωνὸς εἰς
πεττῶν θέσιν, ἢ ὁ πεττευτικός;

Ὁ πεττευτικός.

Ἀλλ᾽ εἰς πλίνθων καὶ λίθων θέσιν ὁ δίκαιος χρησιμώτερός
5   τε καὶ ἀμείνων κοινωνὸς τοῦ οἰκοδομικοῦ;

Οὐδαμῶς.

Ἀλλ᾽ εἰς τίνα δὴ κοινωνίαν ὁ δίκαιος ἀμείνων κοινωνὸς
τοῦ οἰκοδομικοῦ τε καὶ κιθαριστικοῦ, ὥσπερ ὁ κιθαριστικὸς
τοῦ δικαίου εἰς κρουμάτων;

10   Εἰς ἀργυρίου, ἔμοιγε δοκεῖ.

Πλήν γ᾽ ἴσως, ὦ Πολέμαρχε, πρὸς τὸ χρῆσθαι ἀργυρίῳ,
ὅταν δέῃ ἀργυρίου κοινῇ πρίασθαι ἢ ἀποδόσθαι ἵππον· τότε
c   δέ, ὡς ἐγὼ οἶμαι, ὁ ἱππικός. ἢ γάρ;

Φαίνεται.

Καὶ μὴν ὅταν γε πλοῖον, ὁ ναυπηγὸς ἢ ὁ κυβερνήτης;

Ἔοικεν.

5   Ὅταν οὖν τί δέῃ ἀργυρίῳ ἢ χρυσίῳ κοινῇ χρῆσθαι, ὁ
δίκαιος χρησιμώτερος τῶν ἄλλων;

Ὅταν παρακαταθέσθαι καὶ σῶν εἶναι, ὦ Σώκρατες.

ἀμείνων, -ον: better, 5
εἰρήνη, ἡ: peace, 3
ἐπριάμην: buy, purchase (aor. ὠνέομαι), 1
θέσις, -εως, ἡ: placing, arranging; position, 3
ἱππικός, ὁ: a horse-trainer, 5
καρπός, ὁ: fruit, produce; profits, 1
κιθαριστικός, ὁ: cithara player, harpist, 2
κοινώνημα, -ατος, τό: associations, dealings2
κοινωνία, ἡ: association, communion, 2
κοινωνός, ὁ: partner, associate, companion, 3
κροῦμα, -ατος, τό: stroke, pluck; a note, 1
κτῆσις, -εως, ἡ: possession, acquisition, 5
λίθος, ὁ: a stone, 1
ναυπηγός, ὁ: a shipwright, ship-builder, 1

οἰκο-δομικός, -ή, -όν: builder, 3
οὐδαμῶς: in no way, not at all, 5
παρα-κατα-τίθημι: to deposit, 4
πεττευτικός, ὁ: a draughts player, 2
πεττός, ὁ: draught-stone, 1
πλήν: except, but (+ gen.), 1
πλίνθος, ὁ: a brick, 1
πλοῖον, τό: vessel, ship, 1
σκυτοτομικός, -ή, -όν: of a shoemaker, 1
συμ-βόλαιον, τό: contract, covenant; token, 3
σῶς, ὁ, ἡ: safe and sound, safe, sound, 2
ὑπο-δημα, ὑποδήματος, τό: sandal, 1
χρεία, ἡ: use, advantage, service; need, 3
χρυσίον, τό: gold coin, money; jewelry, 4

---

a6 καὶ μὴν καὶ: *and certainly also*; as with
καὶ δὴ καὶ, 2ⁿᵈ καί is adverbial
σκυτοτομική: *(the art) of a shoemaker*; as
often, assume adj. is modifying τέχνη
a8 οἶμαι: *I suppose*; as often, parenthetical
ἂν φαίης: *would you say*; potential pres.
opt. φημί
a9 Πάνυ γε: *quite so*; common assent
a10 Τί δέ δή;: *What then?*; δή emphasizes
the addition noted by δέ
τὴν δικαιοσύνην: acc. subj. of inf. εἰμί
πρὸς τίνος: *with regard to whose use?*"
interrogative pronoun, gen. sg.
a12 συμβόλαια: *(monetary) contracts*
a14 δῆτα: *yes, indeed*; affirmative, as often
after a word repeated from the question
b1 ὁ δίκαιος...ἤ: *(is) the just man...or...?*;
supply the linking verb ἐστίν
εἰς πεττῶν θέσιν: *for the placing of
draught-stones*; in a boardgame
b4 ὁ δίκαιος...: *(is) the just man...?*; supply
the linking verb ἐστίν
χρησιμώτερος: comparative degree
b5 τοῦ οἰκοδομικοῦ: *than...*; gen comparison
b7 εἰς τίνα δὴ: *for exactly what association?*
interrogative, δή is an intensifier
b8 τοῦ οἰκοδομικοῦ: *than...*; gen comparison
b9 τοῦ δικαίου: gen. comparison
εἰς κρουμάτων: supply κοινωνίαν

b10 εἰς ἀργυρίου: supply κοινωνίαν
b11 πρός: *with regard to* + acc.
τὸ χρῆσθαι: *the use of*; an articular inf.
that governs a dative
b12 δέῃ ἀργυρίου: *there is need for silver*;
3ʳᵈ sg. subj. δεῖ, present general condition
πρίασθαι ἢ ἀποδόσθαι: *(in order) to buy
and sell*; aor. mid. infinitives of purpose;
ἀποδίδωμι in this context means "to
sell" or "to exchange"
κοινῇ: *in exchange*
c1 ἢ γάρ;: *is this not so?*; often in surprise
γάρ seeks confirmation for the preceding
c2 Καὶ μὴν: *and surely*; as often, γε follows
connecting particles to focus our
attention on a new idea or clause
c3 πλοῖον: *vessel*; ellipsis, supply b12-c1
but replace acc. ἵππον with πλοῖον
c5 τί...χρῆσθαι: *when there is need to make
what use of silver and gold in exchange,
is the just man more useful than others*;
the interrogative τί is an inner acc. of
χρῆσθαι: 'to make what use of' + dat.;
this awkward construction is confirmed
by Polemarchus' response in infinitives;
ἄλλων is gen. of comparison
c7 παρακαταθέσθαι: *(there is need that
silver) be deposited*; aor. mid. inf., add
δέῃ ἀργυρίον from above (acc. not dat.)

"The Thirty [Tyrants] issued to Polemarchus their accustomed order to drink
hemlock, before stating the reason that he was going to die—so far was he from
being tried and defending himself."

(Lysias 12.17, *Against Eratosthenes*)

Οὐκοῦν λέγεις ὅταν μηδὲν δέῃ αὐτῷ χρῆσθαι ἀλλὰ κεῖσθαι;

10 Πάνυ γε.

Ὅταν ἄρα ἄχρηστον ᾖ ἀργύριον, τότε χρήσιμος ἐπ' αὐτῷ
d ἡ δικαιοσύνη;

Κινδυνεύει.

Καὶ ὅταν δὴ δρέπανον δέῃ φυλάττειν, ἡ δικαιοσύνη χρή-
σιμος καὶ κοινῇ καὶ ἰδίᾳ· ὅταν δὲ χρῆσθαι, ἡ ἀμπελουργική;

5 Φαίνεται.

Φήσεις δὲ καὶ ἀσπίδα καὶ λύραν ὅταν δέῃ φυλάττειν καὶ
μηδὲν χρῆσθαι, χρήσιμον εἶναι τὴν δικαιοσύνην, ὅταν δὲ
χρῆσθαι, τὴν ὁπλιτικὴν καὶ τὴν μουσικήν;

Ἀνάγκη.

10 Καὶ περὶ τἆλλα δὴ πάντα ἡ δικαιοσύνη ἑκάστου ἐν μὲν
χρήσει ἄχρηστος, ἐν δὲ ἀχρηστίᾳ χρήσιμος;

Κινδυνεύει.

e Οὐκ ἂν οὖν, ὦ φίλε, πάνυ γέ τι σπουδαῖον εἴη ἡ
δικαιοσύνη, εἰ πρὸς τὰ ἄχρηστα χρήσιμον ὂν τυγχάνει.
τόδε δὲ σκεψώμεθα. ἆρ' οὐχ ὁ πατάξαι δεινότατος ἐν μάχῃ
εἴτε πυκτικῇ εἴτε τινὶ καὶ ἄλλῃ, οὗτος καὶ φυλάξασθαι;

5 Πάνυ γε.

ἆρ' οὖν καὶ νόσον ὅστις δεινὸς φυλάξασθαι, καὶ λαθεῖν
οὗτος δεινότατος ἐμποιήσας;

Ἔμοιγε δοκεῖ.

334 Ἀλλὰ μὴν στρατοπέδου γε ὁ αὐτὸς φύλαξ ἀγαθός, ὅσπερ
καὶ τὰ τῶν πολεμίων κλέψαι καὶ βουλεύματα καὶ τὰς ἄλλας
πράξεις;

Πάνυ γε.

5 Ὅτου τις ἄρα δεινὸς φύλαξ, τούτου καὶ φὼρ δεινός.

Ἔοικεν.

22

ἄλλῃ: in another place; in another way, 1
ἀμπελ-ουργικός, -ή, -όν: of a vinedresser, 1
ἀσπίς, -ίδος, ἡ: shield, round shield, 1
ἀ-χρηστία, ἡ: uselessness, 1
ἄ-χρηστος, -ον: useless, unprofitable, 5
βούλευμα, -ατος τό: deliberation; plan, 1
δρέπανον, τό: a scythe, 2
ἐμ-ποιέω: to create in, produce in, cause, 2
κεῖμαι: to lie down, 4
κλέπτω: to steal, rob, 2
λύρα, ἡ: lyre, 2
μάχη, ἡ: battle, fight, combat, 3

μουσική, ἡ: music, 2
νόσος, ὁ: sickness, illness, disease, 2
ὁπλιτικός, -η, -ον: of a hoplite, of a soldier, 1
πατάσσω: to knock, beat, strike, 1
πολέμιος, -α, -ον: hostile, of the enemy, 1
πυκτικός, -ή, -όν: with fists, of boxing, 1
σπουδαῖος, -α, -ον: serious, earnest; good, 1
στρατόπεδον, τό: camp, encampment; army 3
φύλαξ, -κος, ὁ: a watcher, guard, sentinel, 2
φώρ, φωρός, ὁ: a thief, 1
χρῆσις, -εως, ἡ: using, use, employment, 1

---

c8 Οὐκοῦν: *Then,…not?*; inferential, begins
question seeking a "yes" response
δέῃ: *there is need*; "it is necessary," 3rd
sg. pres subj.
μηδὲν…χρῆσθαι: *to make no use* + dat.;
μηδέν is, as τί in c5, an inner accusative
αὐτῷ: *it*; i.e. money, obj. of χρῆσθαι
c9 κεῖσθαι: *to lie (idle)*
c11 ᾖ: *is*; 3rd sg. pres. εἰμί in a general
temporal clause
ἄχρηστον: readers must be careful to
distinguish "useless" from "not in use"
ἐπ᾽ αὐτῷ: *in relation to it*; i.e. money
d2 κινδυνεύει: *it looks as though*; "it runs the
risk," i.e. there is a probability it is true
d3 δρέπανον: acc. obj. of φυλάττειν
Καὶ..δὴ: *and indeed*; emphasizes the
words intervening just as καί…γε
d4 καὶ κοινῇ καὶ ἰδίᾳ: *both in public
dealings and in private matters*
ὅταν…χρῆσθαι: *when (it is necessary) to
make use of (the scythe)*; ellipsis
ἀμπελουργικῇ: *the art of vinedressing*; as
often, the fem. adj. modifies τεχνή
d6 φήσεις: fut. φημί
μηδὲν χρῆσθαι: *to make no use of (them)*
d8 ὁπλιτικήν, μουσικήν: supply τεχνήν
d10 καὶ περὶ τἆλλα δὴ πάντα: *and
regarding all other things in fact*; cf. d3
ἑκάστου…χρήσει: *in the use of each thing*

d11 ἐν ἀχρηστίᾳ: add ἑκάστου from above
e1 οὐκ…οὖν: *then…not*; οὔκουν , inferential
ἂν…εἴη: *could be*; potential opt. εἰμί
τι: *something*; predicate noun, thus n. sg.
σπουδαῖον modifies τι not δικαιοσύνη
e2 ὂν τυγχάνει: *happens to be*; verb governs
a complementary pple; subject is neut. τι
e3 σκεψώμεθα: *let us…*; hortatory aor. subj.
πατάξαι: *in striking*; aor. epexegetical
(explanatory) inf. with δεινότατος
e4 τινὶ καὶ ἄλλῃ: *or in some other manner
in fact*;
φυλάξασθαι: *in defending also*; aor.
exepegetical (explanatory) inf.; supply
δεινότατος from above
e6 ὅστις: *whoever is*; supply ἐστίν
e7 οὗτος: *this one is*; supply ἐστίν
λαθεῖν..ἐμποιήσας: *in escaping notice
while producing (it)*; aor. explanatory inf.
λανθάνω modifying superl. δεινότατος
334a1 Ἀλλὰ μὴν…γε: *but again*; "but surely,"
positive transition to new item in a series
ὁ αὐτός: *(is) the same man*; supply ἐστί
a2 κλέψαι *(is good)* in stealing; epexegetical
(explanatory) aor. inf. κλέπτω
a5 Ὅτου τις…τούτου καὶ: *of whatsoever
one (is)…of this (one) also*; ὅτινος
φώρ: supply "is"

Εἰ ἄρα ὁ δίκαιος ἀργύριον δεινὸς φυλάττειν, καὶ κλέπτειν δεινός.

Ὡς γοῦν ὁ λόγος, ἔφη, σημαίνει.

Κλέπτης ἄρα τις ὁ δίκαιος, ὡς ἔοικεν, ἀναπέφανται, καὶ κινδυνεύεις παρ᾽ Ὁμήρου μεμαθηκέναι αὐτό· καὶ γὰρ ἐκεῖνος τὸν τοῦ Ὀδυσσέως πρὸς μητρὸς πάππον Αὐτόλυκον ἀγαπᾷ τε καί φησιν αὐτὸν πάντας "ἀνθρώπους κεκάσθαι κλεπτοσύνῃ θ᾽ ὅρκῳ τε" ἔοικεν οὖν ἡ δικαιοσύνη καὶ κατὰ σὲ καὶ καθ᾽ Ὅμηρον καὶ κατὰ Σιμωνίδην κλεπτική τις εἶναι, ἐπ᾽ ὠφελίᾳ μέντοι τῶν φίλων καὶ ἐπὶ βλάβῃ τῶν ἐχθρῶν. οὐχ οὕτως ἔλεγες;

Οὐ μὰ τὸν Δί, ἔφη, ἀλλ᾽ οὐκέτι οἶδα ἔγωγε ὅτι ἔλεγον· τοῦτο μέντοι ἔμοιγε δοκεῖ ἔτι, ὠφελεῖν μὲν τοὺς φίλους ἡ δικαιοσύνη, βλάπτειν δὲ τοὺς ἐχθρούς.

Φίλους δὲ λέγεις εἶναι πότερον τοὺς δοκοῦντας ἑκάστῳ χρηστοὺς εἶναι, ἢ τοὺς ὄντας, κἂν μὴ δοκῶσι, καὶ ἐχθροὺς ὡσαύτως;

Εἰκὸς μέν, ἔφη, οὓς ἄν τις ἡγῆται χρηστοὺς φιλεῖν, οὓς δ᾽ ἂν πονηροὺς μισεῖν.

Ἆρ᾽ οὖν οὐχ ἁμαρτάνουσιν οἱ ἄνθρωποι περὶ τοῦτο, ὥστε δοκεῖν αὐτοῖς πολλοὺς μὲν χρηστοὺς εἶναι μὴ ὄντας, πολλοὺς δὲ τοὐναντίον;

Ἁμαρτάνουσιν.

Τούτοις ἄρα οἱ μὲν ἀγαθοὶ ἐχθροί, οἱ δὲ κακοὶ φίλοι;

Πάνυ γε.

Ἀλλ᾽ ὅμως δίκαιον τότε τούτοις τοὺς μὲν πονηροὺς ὠφελεῖν, τοὺς δὲ ἀγαθοὺς βλάπτειν;

Φαίνεται.

Ἀλλὰ μὴν οἵ γε ἀγαθοὶ δίκαιοί τε καὶ οἷοι μὴ ἀδικεῖν;

Ἀληθῆ.

Κατὰ δὴ τὸν σὸν λόγον τοὺς μηδὲν ἀδικοῦντας δίκαιον κακῶς ποιεῖν.

ἀγαπάω: to love, be fond of; satisfy, 4
ἀνα-φαίνω: to appear, show forth, display, 2
Αὐτόλυκος, ὁ: Autolycus, grandfather, 1
βλάβη, ἡ: hurt, harm, damage, 4
γοῦν: γε οὖν, at least, at any rate, any way, 3
εἰκός, ότος, τό: likely, probable, reasonable 4
καίνυμαι: to excel, surpass, 1
κλέπτης, ὁ: a thief, robber, 4
κλεπτικός, -ή, -όν: of theft, thievish, 1
κλεπτοσύνη, ἡ: theft, robbery, 4
κλέπτω: to steal, rob, 2
μά: by + acc. (in affirmation) 5

μήτηρ, ἡ: a mother, 1
μισέω: to hate, 4
Ὀδυσσεύς, ὁ: Odysseus, 1
Ὅμηρος, ὁ: Homer, 2
ὅμως: nevertheless, however, yet, 3
ὅρκος, ὁ: an oath, 1
οὐκ-έτι: no more, no longer, no further, 4
πάππος, ὁ: grandfather; ancestor, 3
σημαίνω: to indicate, point out, 1
φιλέω: to love, befriend, 1
χρηστός, -ή, -όν: good, useful, worthy, 5
ὡσαύτως: in the same manner, just so, 1

---

a7 γοῦν: *as, at any rate*; a qualified assent which introduces a reason that is not conclusive: Polemarchus is hesitant

a10 ἀναπέφανται: *has been shown (to be)*; pf. pass. ἀναφαίνω, supply inf. εἶναι

a11 κινδυνεύεις...μεμαθηκέναι: *it looks as though you had learned*; "you run the risk to have learned," pf. inf. μανθάνω
αὐτό: *it*; i.e. that the just man is a thief

b1 πρὸς μητρός: *on the mother's side*

b2 φησιν: 3rd sg. pres. φημί
αὐτὸν: *that he*; acc. subj.; i.e. Autolycus
κεκάσθαι: pf. inf. καίνυμαι
κλεπτοσύνῃ, ὅρκῳ: *in (respect to)*...; both are dat. of respect with κεκάσθαι

b3 θ'...τε: *both...and*; τε before aspirated ο-
κατὰ: *according to*; + acc.

b4 κλεπτική: *(art) of thievery*

b5 ἐπ'..ἐπὶ: *for...for*...; ἐπὶ + dat. here expresses purpose or motivation

b6 ἔλεγες: *did you mean*

b7 μὰ τὸν Δία: *by Zeus*; acc. sg.
ὅτι: *what*; ὅ τι

b8 μέντοι: *however*; adversative

c1 πότερον: leave untranslated, πότερον introduces an either-or proposition
δοκοῦντας: *those seeming*; pple + inf.

c2 ὄντας *those (actually) being*; pple εἰμί, supply χρηστοὺς
κἂν...δοκῶσι: *even if they do not appear (to be friends)*; καὶ ἐάν + pres. subj. is concessive in force

c4 Εἰκὸς..φιλεῖν...μισεῖν: *(it is) reasonable to*...; the infinitives are the subjects
οὓς: *whomever*...; missing antecedent is the acc. object of φιλεῖν
ἡγῆται: *believes (to be)*; pres. subj. in a relative clause of characteristic (general relative clause)

c5 ἂν πονηροὺς: *(one believes to be) bad*; supply ἡγῆται

c6 ὥστε: *so as to*; + inf., result clause

c7 αὐτοῖς...εἶναι: *that they have*; "to them there are" dat. of possession
μὴ ὄντας: *though not (actually) being*; concessive pple εἰμί

c8 τοὐναντίον: *the opposite*; τὸ ἐναντίον

c10 Τούτοις: *for these*; dat. of reference

c12 δίκαιον: *(it seems) just*; inf. is the subject

d3 Ἀλλὰ μὴν: *but surely*; introduces an objection or, as here, resumes the discussion with a new idea or premise
οἵ...ἀγαθοί: *the good (are)*
οἷοι μὴ: *not capable of* + inf.; "not the sort + inf."
Κατὰ δὴ: *then according* ...; δή is used as a connective

d5 τοὺς μηδὲν ἀδικοῦντας: *those not at all being unjust*; οὐ is used for facts while μή, as here, reflects the conditional nature of the pple; acc. direct object of ποιεῖν
δίκαιον: *(it is) just*; inf. is the subject

d6 ποιεῖν: *to treat*

Μηδαμῶς, ἔφη, ὦ Σώκρατες· πονηρὸς γὰρ ἔοικεν εἶναι ὁ λόγος.

Τοὺς ἀδίκους ἄρα, ἦν δ᾽ ἐγώ, δίκαιον βλάπτειν, τοὺς δὲ
δικαίους ὠφελεῖν;

Οὗτος ἐκείνου καλλίων φαίνεται.

Πολλοῖς ἄρα, ὦ Πολέμαρχε, συμβήσεται, ὅσοι διημαρ-
τήκασιν τῶν ἀνθρώπων, δίκαιον εἶναι τοὺς μὲν φίλους βλά-
πτειν—πονηροὶ γὰρ αὐτοῖς εἰσιν—τοὺς δ᾽ ἐχθροὺς ὠφελεῖν
—ἀγαθοὶ γάρ· καὶ οὕτως ἐροῦμεν αὐτὸ τοὐναντίον ἢ τὸν
Σιμωνίδην ἔφαμεν λέγειν.

Καὶ μάλα, ἔφη, οὕτω συμβαίνει. ἀλλὰ μεταθώμεθα·
κινδυνεύομεν γὰρ οὐκ ὀρθῶς τὸν φίλον καὶ ἐχθρὸν θέσθαι.

Πῶς θέμενοι, ὦ Πολέμαρχε;

Τὸν δοκοῦντα χρηστόν, τοῦτον φίλον εἶναι.

Νῦν δὲ πῶς, ἦν δ᾽ ἐγώ, μεταθώμεθα;

Τὸν δοκοῦντά τε, ἦ δ᾽ ὅς, καὶ τὸν ὄντα χρηστὸν φίλον·
τὸν δὲ δοκοῦντα μέν, ὄντα δὲ μή, δοκεῖν ἀλλὰ μὴ εἶναι
φίλον. καὶ περὶ τοῦ ἐχθροῦ δὲ ἡ αὐτὴ θέσις.

Φίλος μὲν δή, ὡς ἔοικε, τούτῳ τῷ λόγῳ ὁ ἀγαθὸς ἔσται,
ἐχθρὸς δὲ ὁ πονηρός.

Ναί.

Κελεύεις δὴ ἡμᾶς προσθεῖναι τῷ δικαίῳ ἢ ὡς τὸ πρῶτον
ἐλέγομεν, λέγοντες δίκαιον εἶναι τὸν μὲν φίλον εὖ ποιεῖν,
τὸν δ᾽ ἐχθρὸν κακῶς· νῦν πρὸς τούτῳ ὧδε λέγειν, ὅτι ἔστιν
δίκαιον τὸν μὲν φίλον ἀγαθὸν ὄντα εὖ ποιεῖν, τὸν δ᾽ ἐχθρὸν
κακὸν ὄντα βλάπτειν;

Πάνυ μὲν οὖν, ἔφη, οὕτως ἄν μοι δοκεῖ καλῶς λέγεσθαι.

Ἔστιν ἄρα, ἦν δ᾽ ἐγώ, δικαίου ἀνδρὸς βλάπτειν καὶ
ὁντινοῦν ἀνθρώπων;

Καὶ πάνυ γε, ἔφη· τούς γε πονηρούς τε καὶ ἐχθροὺς δεῖ
βλάπτειν.

δι-αμαρτάνω: to fail or be utterly mistaken, 2
θέσις, -εως, ἡ: a placing, arranging; position 3
μάλα: very, very much, exceedingly, 5
μετα-τίθημι: to transpose, change, alter, 4
μηδαμῶς: in no way, not at all, 2
νοῦς, ὁ: mind, intention, attention, thought, 3

ὁστισοῦν, ἥτισουν, ὁτιοῦν: who- whatsoever2
προσ-τίθημι: to add, attribute, impose, give. 4
συμ-βαίνω: to happen, occur, turn out, result 5
χρηστός, -ή, -όν: good, useful, worthy, 5
ὧδε: in this (here) way, so, thus, 3

d9 δίκαιον: *(it is) just*
d11 ἐκείνου: *than…*; gen. of comparison
καλλίων: *more attractive*; comparative
d12 συμβήσεται: *it will turn out*; fut. dep.
συμ-βαίνω
διημαρτήκασιν: 3rd pl. pf. διαμαρτάνω
e1 τῶν ἀνθρώπων: partitive gen. with ὅσοι
δίκαιον εἶναι: *(namely that) it is just…*
e2 αὐτοῖς: *to them*; "in their eyes," dat. of reference
εἰσιν: 3rd pl. pres. εἰμί
e3 ἀγαθοι γάρ: ellipsis, add αὐτοῖς εἰσιν
ἐροῦμεν: 1st pl. ἐρέω, often used as the future tense for λέγω
αὐτό: *(that) it (is)*; supply linking εἶναι
τοὐναντίον ἤ: *opposite to*; "opposite than," τὸ ἐναντίον
e4 ἔφαμεν: 1st pl. impf. φημί
e5 μεταθώμεθα: *let us change;* hortatory aor. subj. μετα-τίθημι
e6 κινδυνεύομεν…θέσθαι: *it looks as though we set forth…*; "we run the risk of setting forth," aor. mid. inf. τίθημι
e7 Πῶς θέμενοι: *setting forth what?*; aor. mid. τίθημι
e8 τὸν δοκοῦντα: *that the one seeming…*; ind. discourse in response to θέμενοι
e9 μεταθώμεθα: *are we to*; deliberative; e5

e10 τὸν ὄντα: *the one (actually) being*; pple
φίλον: *(is) a friend*; predicate, add εἶναι
335a1 μὴ εἶναι: *is not a friend*; "should not be a friend," in ind. discourse οὐ is used for facts while μή is used for wishes, prohibitions or conditions; this is the part of the θέσις Polemarchus aims to change
a2 αὐτή: *the same*; in the attributive position
a3 τούτῳ τῷ λόγῳ: *by this argument*; dat. of standard of judgment, or dat. means
ἔσται: 3rd sg. fut. εἰμί
a6 προσθεῖναι: *to add to the just*; aor. inf. προστίθημι
ἤ: *or (in other words)*; there is not a 2nd option, Socrates is simply clarifying what he means by προσθεῖναι τῷ δικαίῳ
ὡς: *as*
τὸ πρῶτον: *the first time*; adverb
a8 πρὸς τούτῳ: *in addition to this*; common translation for πρός + dat.
b1 Πάνυ μὲν οὖν: *quite so indeed*; expresses positive certainty, cf. 332b4, 331d4
b2 ἄν..λέγεσθαι: *that it would be said well*; ἄν + inf. is equivalent to a potential opt.
δικαίου ἀνδρός: *(the characteristic) of a just man*; gen. of quality or characteristic
καί: *even*
b3 ὁντινοῦν: acc. sg. ὁν-τινα-οῦν

"Helping Friends, Harming Enemies" in Greek Tragedy

Tragedy often explores conflicts that arise when heroes mistakenly treat φίλοι, often relatives, as ἐχθροί. Socrates' question therefore about whether people mistaken the good as enemies and bad as friends (334c) and treat them accordingly is not a quibble but an appropriate topic for discussion.

Aeschylus
Agamemnon: wife kills husband
Eumenides: mother(s' Furies) torment son
Libation Bearers: son kills mother
Seven Against Thebes: brother kills brother
Sophocles
Antigone: brother kills brother
Elektra: children kill mother
Oedipus Rex: son kills father, marries mother

Euripides
Bacchae: mother kills son
Electra: children kill mother
Iphigenia in Aulis: father kills daughter
Iphigenia in Tauris: sister to kill brother
Herakles: father kills children and wife
Hippolytus: father kills son
Medea: mother kills children
Orestes: children kill mother

Βλαπτόμενοι δ' ἵπποι βελτίους ἢ χείρους γίγνονται;

Χείρους.

Ἆρα εἰς τὴν τῶν κυνῶν ἀρετήν, ἢ εἰς τὴν τῶν ἵππων;

Εἰς τὴν τῶν ἵππων.

10 Ἆρ' οὖν καὶ κύνες βλαπτόμενοι χείρους γίγνονται εἰς τὴν τῶν κυνῶν ἀλλ' οὐκ εἰς τὴν τῶν ἵππων ἀρετήν;

Ἀνάγκη.

c Ἀνθρώπους δέ, ὦ ἑταῖρε, μὴ οὕτω φῶμεν, βλαπτομένους εἰς τὴν ἀνθρωπείαν ἀρετὴν χείρους γίγνεσθαι;

Πάνυ μὲν οὖν.

Ἀλλ' ἡ δικαιοσύνη οὐκ ἀνθρωπεία ἀρετή;

5 Καὶ τοῦτ' ἀνάγκη.

Καὶ τοὺς βλαπτομένους ἄρα, ὦ φίλε, τῶν ἀνθρώπων ἀνάγκη ἀδικωτέρους γίγνεσθαι.

Ἔοικεν.

Ἆρ' οὖν τῇ μουσικῇ οἱ μουσικοὶ ἀμούσους δύνανται

10 ποιεῖν;

Ἀδύνατον.

Ἀλλὰ τῇ ἱππικῇ οἱ ἱππικοὶ ἀφίππους;

Οὐκ ἔστιν.

Ἀλλὰ τῇ δικαιοσύνῃ δὴ οἱ δίκαιοι ἀδίκους; ἢ καὶ

d συλλήβδην ἀρετῇ οἱ ἀγαθοὶ κακούς;

Ἀλλὰ ἀδύνατον.

Οὐ γὰρ θερμότητος οἶμαι ἔργον ψύχειν ἀλλὰ τοῦ ἐναντίου.

Ναί.

5 Οὐδὲ ξηρότητος ὑγραίνειν ἀλλὰ τοῦ ἐναντίου.

Πάνυ γε.

Οὐδὲ δὴ τοῦ ἀγαθοῦ βλάπτειν ἀλλὰ τοῦ ἐναντίου.

Φαίνεται.

Ὁ δέ γε δίκαιος ἀγαθός;

ἄ-μουσος, -ον: unmusical, -cultured -refined 4
ἀνθρώπειος, -α, -ον: human, of a human, 2
ἄφ-ιππος, -ον:: not suitable for riding, 1
ἑταῖρος, ὁ: a comrade, companion, mate, 2
θερμότης, -ητος, ἡ: heat, 1
ἱππικός, ὁ: a horse-trainer, 5
κύων, κυνός, ὁ: dog, 3

μουσική, ἡ: art of music 2
ξηρότης, -ητος, ἡ: dryness, 1
συλλήβδην: collectively, in sum, in short, 2
ὑγραίνω: to wet, make wet, moisten, 1
χείρων, -ον: worse, more severe, inferior, 5
ψύχω: to make cold, to cool, 3

---

b6 βελτίους ἢ χείρους: nom. pl. predicate,
βελτίο(ν)ες ἢ χείρο(ν)ες
b8 εἰς τὴν τῶν κυνῶν ἀρετήν: with regard
to the excellence of dogs
εἰς τὴν: with regard to (the excellence)
c1 μὴ...φῶμεν: shall we not say; deliberative
subjunctive; 1st pl. subj. φημί
c2 χείρους: χείρο(ν)ες, acc. pl. predicate
c3 Πάνυ μὲν οὖν: quite so indeed; expresses
positive certainty, cf. 332b4, 335b1
c4 οὐκ: (is) not...?; expecting a "yes" reply
c5 τοῦτο: this (is); supply ἐστίν
c6 τῶν ἀνθρώπων: among men; partitive
gen. or possibly gen. of comparison
c7 ἀνάγκη: (it is) necessary; supply ἐστίν
c9 τῇ μουσικῇ: dative of means

μουσικοὶ: musicians; substantive
c10 ποιεῖν: make (men) unmusical; ποιέω
governs a double acc.: "make x y"
c11 Ἀδύνατον: supply ἐστιν, "it is"
c12 ἀφίππους: parallel to c9-10
c13 ἔστιν: it is possible
c14 τῇ δικαιοσύνῃ: again, parallel to c9-10
d5 οἶμαι: I imagine that; οἴομαι
ἔργον: the function + gen.; acc. subject
τοῦ ἐναντίου: modifies missing ἔργον
d5 Οὐδὲ ξηρότητος: parallel to d3
d7 Οὐδὲ δὴ τοῦ ἀγαθοῦ: parallel to d3
d9 δέ γέ: γε "at least," emphasizes not δέ
but ὁ δίκαιος or the entire clause

10 Πάνυ γε.

Οὐκ ἄρα τοῦ δικαίου βλάπτειν ἔργον, ὦ Πολέμαρχε, οὔτε φίλον οὔτ᾽ ἄλλον οὐδένα, ἀλλὰ τοῦ ἐναντίου, τοῦ ἀδίκου.

Παντάπασί μοι δοκεῖς ἀληθῆ λέγειν, ἔφη, ὦ Σώκρατες.

e Εἰ ἄρα τὰ ὀφειλόμενα ἑκάστῳ ἀποδιδόναι φησίν τις δίκαιον εἶναι, τοῦτο δὲ δὴ νοεῖ αὐτῷ τοῖς μὲν ἐχθροῖς βλάβην ὀφείλεσθαι παρὰ τοῦ δικαίου ἀνδρός, τοῖς δὲ φίλοις ὠφελίαν, οὐκ ἦν σοφὸς ὁ ταῦτα εἰπών. οὐ γὰρ ἀληθῆ ἔλεγεν·
5 οὐδαμοῦ γὰρ δίκαιον οὐδένα ἡμῖν ἐφάνη ὃν βλάπτειν.

Συγχωρῶ, ἦ δ᾽ ὅς.

Μαχούμεθα ἄρα, ἦν δ᾽ ἐγώ, κοινῇ ἐγώ τε καὶ σύ, ἐάν τις αὐτὸ φῇ ἢ Σιμωνίδην ἢ Βίαντα ἢ Πιττακὸν εἰρηκέναι ἤ τιν᾽ ἄλλον τῶν σοφῶν τε καὶ μακαρίων ἀνδρῶν.

Ἐγὼ γοῦν, ἔφη, ἕτοιμός εἰμι κοινωνεῖν τῆς μάχης.

10 Ἀλλ᾽ οἶσθα, ἦν δ᾽ ἐγώ, οὗ μοι δοκεῖ εἶναι τὸ ῥῆμα, τὸ
336 φάναι δίκαιον εἶναι τοὺς μὲν φίλους ὠφελεῖν, τοὺς δ᾽ ἐχθροὺς βλάπτειν;

Τίνος; ἔφη.

Οἶμαι αὐτὸ Περιάνδρου εἶναι ἢ Περδίκκου ἢ Ξέρξου ἢ
5 Ἰσμηνίου τοῦ Θηβαίου ἤ τινος ἄλλου μέγα οἰομένου δύνασθαι πλουσίου ἀνδρός.

Ἀληθέστατα, ἔφη, λέγεις.

Εἶεν, ἦν δ᾽ ἐγώ· ἐπειδὴ δὲ οὐδὲ τοῦτο ἐφάνη ἡ δικαιοσύνη
10 ὂν οὐδὲ τὸ δίκαιον, τί ἂν ἄλλο τις αὐτὸ φαίη εἶναι;

b Καὶ ὁ Θρασύμαχος πολλάκις μὲν καὶ διαλεγομένων ἡμῶν μεταξὺ ὥρμα ἀντιλαμβάνεσθαι τοῦ λόγου, ἔπειτα ὑπὸ τῶν παρακαθημένων διεκωλύετο βουλομένων διακοῦσαι τὸν λόγον· ὡς δὲ διεπαυσάμεθα καὶ ἐγὼ ταῦτ᾽ εἶπον, οὐκέτι
5 ἡσυχίαν ἦγεν, ἀλλὰ συστρέψας ἑαυτὸν ὥσπερ θηρίον ἧκεν ἐφ᾽ ἡμᾶς ὡς διαρπασόμενος.

ἄγω: to lead, to bring, to carry, to convey, 2
ἀντι-λαμβάνω: to take up in turn (+ gen.) 1
βίας, βίαντος, ὁ: Bias, 1
βλάβη, ἡ: hurt, harm, damage, 4
γοῦν: γε οὖν, at least, at any rate, any way, 3
δι-ακούω: to hear (out), learn (by hearing), 1
δια-κωλύω: to hinder, prevent, 2
δια-λέγομαι: to converse with, discuss, 3
δια-παύω: to make cease; mid. rest, pause, 1
δι-αρπάζω: to seize, plunder; tear apart, 1
ἑτοῖμος, -η, -ον: ready, prepared, at hand, 1
ἡσυχία, ἡ: silence, quiet, stillness, rest, 1
Θηβαῖος, -α, -ον: Theban, 1
θηρίον, τό: a wild animal, beast, 1
Ἰσμηνίας, ὁ: Ismenias, 1
κοινωνέω: have a share of, partake in (gen) 2

μάχη, ἡ: battle, fight, combat, 3
μάχομαι: to fight, contend, quarrel, dispute, 3
μεταξύ: betwixt, between, 1
νοέω: to think, mean, indicate, suppose, 1
Ξέρξης, -ου, ὁ: Xerxes, 1
ὁρμάω: to set in motion; set out, begin, 5
οὐδαμοῦ: nowhere, 2
οὐκ-έτι: no more, no longer, no further, 4
παρά-καθέζομαι: to sit down beside, 1
Περδίκκης, -ου, ὁ: Perdiccas, 1
Περίανδρος, ὁ: Periander, 1
Πιττακός, ὁ: Pittacus, 1
πλούσιος, -α, -ον: rich, wealthy, opulent, 3
πολλάκις: many times, often, frequently, 3
ῥῆμα, τό: a word, saying, phrase, 2
συ-στρέφω: to wind into a ball, gather, rally, 1

---

d11 ἔργον: the function of the just (is); subj.
d12 φίλον...ἄλλον οὐδένα: acc. direct objs.
    of βλάπτειν
    τοῦ ἐναντίου: but (it is the function) of
    the opposite; supply ἔργον
    τοῦ ἀδίκου: an appositive
e2 τοῦτο δὲ δὴ νοεῖ αὐτῷ: and this means to
    him that...; αὐτῷ refers to τις above
    τοῖς μὲν ἐχθροῖς βλάβην ὀφείλεσθαι:
    that harm is owed to the enemy
    παρά...ἀνδρός: from...; gen. of source
e3 τοῖς...φίλοις: to friends; object of
    ὀφείλεσθαι, missing through ellipsis
e4 ἦν: 3rd sg. impf. εἰμί
    εἰπών: nom. sg. aor. pple λέγω
e5 οὐδαμοῦ...οὐδένα...βλάπτειν: in no case
    to harm someone; subject of ἐφάνη
    δικαιον: predicate adjective
    ἐφάνη ὄν: turned out to be; "was shown
    being," aor. pass. φαίνω and neuter sg.
    complementary pres. pple εἰμί can be
    translated "was clearly" or "seems to be"
e7 Μαχούμεθα: we will resist (him); future
    μαχε(σ)ομεθα
    ἐάν...φῇ: if someone says; future more
    vivid condition; 3rd sg. pres. subj. φημί
e8 αὐτὸ: it; i.e. e1-e3
    εἰρηκέναι: pf. inf. λέγω (ἐρ-)
e9 τῶν σοφῶν: i.e. the Seven Sages
e10 Ἐγὼ γοῦν: I for my part then; intensive
    (γε) and inferential (οὖν)
336a1 οἶσθα: 2nd sg. οἶδα
    οὗ: whose; gen. relative modifying ῥῆμα

τὸ φάναι: the claiming that...; i.e. the
    statement that; an articular inf. in
    apposition to ῥῆμα
a3 τίνος: whose?; in response to οὗ in a1
a5 οἶμαι: οἴομαι
a6 τινος ἄλλου...πλουσίου ἀνδρός: all four
    genitives describe the same person
    μέγα οἰομένου δύνασθαι imagining that
    (he) has great power; μέγα is inner acc.
    with pres. inf. δύναμαι, "to have power"
a8 Ἀληθέστατα: superlative, ἀληθής
a9 Εἶεν: well, well now
    ἐπειδή: since; causal
    ἐφάνη ὄν: turned out to be; "was shown
    being," aor. pass. φαίνω and neuter sg.
    complementary pres. pple εἰμί can be
    translated "was clearly" or "seems to be"
a10 τὸ δίκαιον: the just; note that οὐδὲ...
    οὐδὲ makes τὸ δίκαιον a distinction
    subject along with ἡ δικαιοσύνη
    ἄν...φαίη: could one say; potential opt.
b1 διαλεγομένων ἡμῶν: genitive absolute
b2 ὥρμα: tried to dart forward; "set out,"
    3rd sg. conative impf. ὁρμάω
    ἀντιλαμβάνεσθαι: expressing purpose or
    complementary inf. with ὥρμα
b3 ὑπό...παρακαθημένων: by those sitting
    beside him; gen. agent with διεκωλύετο
    διακοῦσαι: aor. inf. διακούω
b5 ἡσυχίαν ἦγεν: did keep quiet; impf. ἄγω
    ἧκεν ἐφ᾽: launched at; aor. ἵημι "throw"
b6 ὡς..: as if about to...; ὡς + fut. pple

Καὶ ἐγώ τε καὶ ὁ Πολέμαρχος δείσαντες διεπτοήθημεν·
ὁ δ' εἰς τὸ μέσον φθεγξάμενος, τίς, ἔφη, ὑμᾶς πάλαι φλυαρία
c ἔχει, ὦ Σώκρατες; καὶ τί εὐηθίζεσθε πρὸς ἀλλήλους ὑπο-
κατακλινόμενοι ὑμῖν αὐτοῖς; ἀλλ' εἴπερ ὡς ἀληθῶς βούλει
εἰδέναι τὸ δίκαιον ὅτι ἔστι, μὴ μόνον ἐρώτα μηδὲ φιλοτιμοῦ
ἐλέγχων ἐπειδάν τίς τι ἀποκρίνηται, ἐγνωκὼς τοῦτο, ὅτι
5 ῥᾷον ἐρωτᾶν ἢ ἀποκρίνεσθαι, ἀλλὰ καὶ αὐτὸς ἀπόκριναι καὶ
εἰπὲ τί φῂς εἶναι τὸ δίκαιον. καὶ ὅπως μοι μὴ ἐρεῖς ὅτι τὸ
d δέον ἐστὶν μηδ' ὅτι τὸ ὠφέλιμον μηδ' ὅτι τὸ λυσιτελοῦν μηδ'
ὅτι τὸ κερδαλέον μηδ' ὅτι τὸ συμφέρον, ἀλλὰ σαφῶς μοι
καὶ ἀκριβῶς λέγε ὅτι ἂν λέγῃς· ὡς ἐγὼ οὐκ ἀποδέξομαι
ἐὰν ὕθλους τοιούτους λέγῃς.

5 Καὶ ἐγὼ ἀκούσας ἐξεπλάγην καὶ προσβλέπων αὐτὸν
ἐφοβούμην, καί μοι δοκῶ, εἰ μὴ πρότερος ἑωράκη αὐτὸν ἢ
ἐκεῖνος ἐμέ, ἄφωνος ἂν γενέσθαι. νῦν δὲ ἡνίκα ὑπὸ τοῦ
λόγου ἤρχετο ἐξαγριαίνεσθαι, προσέβλεψα αὐτὸν πρότερος,
e ὥστε αὐτῷ οἷός τ' ἐγενόμην ἀποκρίνασθαι, καὶ εἶπον ὑπο-
τρέμων· ὦ Θρασύμαχε, μὴ χαλεπὸς ἡμῖν ἴσθι· εἰ γάρ τι
ἐξαμαρτάνομεν ἐν τῇ τῶν λόγων σκέψει ἐγώ τε καὶ ὅδε, εὖ
ἴσθι ὅτι ἄκοντες ἁμαρτάνομεν. μὴ γὰρ δὴ οἴου, εἰ μὲν
5 χρυσίον ἐζητοῦμεν, οὐκ ἄν ποτε ἡμᾶς ἑκόντας εἶναι ὑπο-
κατακλίνεσθαι ἀλλήλοις ἐν τῇ ζητήσει καὶ διαφθείρειν τὴν
εὕρεσιν αὐτοῦ, δικαιοσύνην δὲ ζητοῦντας, πρᾶγμα πολλῶν
χρυσίων τιμιώτερον, ἔπειθ' οὕτως ἀνοήτως ὑπείκειν ἀλλήλοις
καὶ οὐ σπουδάζειν ὅτι μάλιστα φανῆναι αὐτό. οἴου γε σύ,
10 ὦ φίλε. ἀλλ' οἶμαι οὐ δυνάμεθα· ἐλεεῖσθαι οὖν ἡμᾶς πολὺ
337 μᾶλλον εἰκός ἐστίν που ὑπὸ ὑμῶν τῶν δεινῶν ἢ χαλεπαί-
νεσθαι.

Καὶ ὃς ἀκούσας ἀνεκάγχασέ τε μάλα σαρδάνιον καὶ εἶπεν·
ὦ Ἡράκλεις, ἔφη, αὕτη 'κείνη ἡ εἰωθυῖα εἰρωνεία Σωκρά-

ἀνα-καγχάζω: to burst out laughing, 1
ἀ-νόητος, -ον: foolish, unintelligent, 1
ἀπο-δέχομαι: to accept, receive, 5
ἄ-φωνος, -ον: speechless, dumb, silent, 1
γιγνώσκω: to come to know, learn, realize, 5
δείδω: to fear, 3
δια-πτοέω: to terrify thoroughly, startle, 1
δια-φθείρω: to destroy, corrupt, kill, 1
ἔθω: to be accustomed, be in the habit, 4
εἰκός, ότος, τό: likely, probably, reasonable 4
εἴπερ: if really, if in fact (to imply doubt), 5
εἰρωνεία, ἡ:, feigned ignorance, irony, 1
ἐκ-πλήγνυμι: strike out of; astound, amaze, 1
ἑκών, ἑκοῦσα, ἑκόν: willing, intentionally, 5
ἐλέγχω: to cross-examine, question; refute, 3
ἐλεέω: to have pity, show mercy, 1
ἐξ-αγριαίνομαι: to become savage or fierce 1
εὐ-ηθίζομαι: to play the fool, be naïve 2
εὕρεσις, -εως, ἡ: finding, discovery, 1
ζητέω: to seek, look for, investigate, 5
ζήτησις, ἡ: a search, seeking, 1
ἡνίκα: at which time, when, since, 1
Ἡρακλῆς, ὁ: Heracles, 1
κερδαλέος, -η, -ον: profitable; gainful, crafty 3

μάλα: very, very much, exceedingly, 5
μέσος, - η, -ον: middle, in the middle of, 2
οἶος, -η, -ον: alone, lone, lonely, 3
ὁράω: to see, look, behold, 5
πάλαι: long ago, formerly, of old, 2
πρᾶγμα, τό: deed, act; matter, affair, 5
προσ-βλέπω: to look at or upon, 2
σαρδάνιος, -α, -ον: bitter, scornful, sardonic 1
σαφής, -ές: clear, distinct, definite, 3
σκέψις, -εως, ἡ: examination, speculation, 1
σπουδάζω: to be serious, be eager, hasten 2
τίμιος, -α, -ον: honored, worthy, valuable, 1
ὕθλος, ὁ: nonsense, idle talk, gossip, 1
ὑπ-είκω: to withdraw, retire; yield; depart, 1
ὑπο-κατα-κλίνομαι: lie down under; submit, 2
ὑπο-τρέμω: to tremble a little or slightly, 1
φθέγγομαι: to utter a sound, voice, speak, 1
φιλο-τιμέομαι: to seek honor, be ambitious, 1
φλυαρία, ἡ: nonsense, silly talk, foolery, 1
φοβέω: to put to flight, terrify, frighten, 2
χαλεπαίνω: to be sore, angry, grievous, 2
χρυσίον, τό: gold coin, money; jewelry, 4
ὠφέλιμος, -η, -ον: useful, profitable, helpful 2

---

b7 δείσαντες διεπτοήθημεν: *we were panicstricken out of fear*; "becoming afraid," ingressive aor. pple. and passive
b8 Τίς...φλυαρία: *what nonsense*; subject
πάλαι ἔχει: *has for long been gripping*; present verb is pf. progressive in sense
c1 τί: *why?*
πρὸς ἀλλήλους: *toward one another*
c2 ὑμῖν αὐτοῖς: *to yourselves*; reflexive
ὡς ἀληθῶς: *truly*
βούλει: *you wish*; βουλε(σ)αι 2nd sg. mid.
c3 εἰδέναι: inf. οἶδα
τὸ δίκαιον ὅτι ἔστι: *what the just is*; "the just, what it is," as frequently, prolepsis
μὴ μόνον...ἀλλὰ καὶ: *not only...but also*
ἐρώτα, φιλοτιμοῦ: pres. sg. imperatives
c4 ἐλέγχων: *by...*; nom. sg. pple, causal
ἀποκρινηται: *whenever...*; pres. subj, general temporal clause
c5 ἐγνωκὼς: nom. sg. pf. pple. γιγνώσκω
ὅτι: *namely that*; in apposition to τοῦτο
ῥᾷον (it is) *rather easy*; "(it is) easier" comparative of ῥάδιος as a predicate
ἐρωτᾶν: inf. ἐρωτάω
αὐτός: (*you*) *yourself*; intensive pronoun

ἀπόκριναι, εἰπέ: aor. imperatives
c6 ὅπως..ἐρεῖς: *(see to it) that you will not say...*; i.e. "do not say!" ὅπως + fut. ind. is an idiomatic form of strong exhortation
c6 ὅτι το..ὅτι: *what is the...what is the*; ὅ τι
d1 δεόν..συμφέρον: *the fitting, the beneficial, the profitable, the gainful, the advantageous..*; all substantive participles
d3 ὡς: *since*; conjunction with causal force
d5 ἐξεπλάγην: *I was struck with fear*; 1st sg. ingressive aor. pass. ἐκ-πλήγνυμι
d6 πρότερος...ἦ: *earlier...than*; adj. as adv.
ἑωράκη: 1st sg. plpf. ὁράω
d7 ἂν γενέσθαι: *I would have become*; past contrary-to-fact, equiv. to ἄν + aor. ind.
ὑπὸ: *because of*; gen. of cause, not agent
e1 οἶος τ᾽ ἐγενόμην: *I was able*; "the sort to"
e2 ἴσθι: *be*; sg. imperative εἰμί
e4 ἴσθι: *know*; sg. imperative οἶδα
οἴου: sg. imperative οἴομαι
e8 χρυσίων: *than...*; gen. of comparison
e9 ὅτι μάλιστα: *as much as possible*
φανῆναι αὐτό: *that it appear*; aor. pass.
337a1 ὑπὸ...δεινῶν: *by you clever men*; agent
a4 εἰωθυῖα: *accustomed*; fem. pf. pple ἔθω

5 τους, καὶ ταῦτ᾽ ἐγὼ ἤδη τε καὶ τούτοις προύλεγον, ὅτι σὺ
ἀποκρίνασθαι μὲν οὐκ ἐθελήσοις, εἰρωνεύσοιο δὲ καὶ πάντα
μᾶλλον ποιήσοις ἢ ἀποκρινοῖο, εἴ τίς τί σε ἐρωτᾷ.

Σοφὸς γὰρ εἶ, ἦν δ᾽ ἐγώ, ὦ Θρασύμαχε· εὖ οὖν ᾔδησθα
ὅτι εἴ τινα ἔροιο ὁπόσα ἐστὶν τὰ δώδεκα, καὶ ἐρόμενος προεί-
b ποις αὐτῷ— "ὅπως μοι, ὦ ἄνθρωπε, μὴ ἐρεῖς ὅτι ἔστιν τὰ
δώδεκα δὶς ἓξ μηδ᾽ ὅτι τρὶς τέτταρα μηδ᾽ ὅτι ἑξάκις δύο
μηδ᾽ ὅτι τετράκις τρία· ὡς οὐκ ἀποδέξομαί σου ἐὰν τοιαῦτα
5 φλυαρῇς" —δῆλον οἶμαί σοι ἦν ὅτι οὐδεὶς ἀποκρινοῖτο τῷ
οὕτως πυνθανομένῳ. ἀλλ᾽ εἴ σοι εἶπεν· "ὦ Θρασύμαχε,
πῶς λέγεις; μὴ ἀποκρίνωμαι ὧν προεῖπες μηδέν; πότερον, ὦ
c θαυμάσιε, μηδ᾽ εἰ τούτων τι τυγχάνει ὄν, ἀλλ᾽ ἕτερον εἴπω τι
τοῦ ἀληθοῦς; ἢ πῶς λέγεις;" τί ἂν αὐτῷ εἶπες πρὸς ταῦτα;

Εἶεν, ἔφη· ὡς δὴ ὅμοιον τοῦτο ἐκείνῳ.

Οὐδέν γε κωλύει, ἦν δ᾽ ἐγώ· εἰ δ᾽ οὖν καὶ μὴ ἔστιν
ὅμοιον, φαίνεται δὲ τῷ ἐρωτηθέντι τοιοῦτον, ἧττόν τι αὐτὸν
5 οἴει ἀποκρινεῖσθαι τὸ φαινόμενον ἑαυτῷ, ἐάντε ἡμεῖς
ἀπαγορεύωμεν ἐάντε μή;

Ἄλλο τι οὖν, ἔφη, καὶ σὺ οὕτω ποιήσεις· ὧν ἐγὼ
ἀπεῖπον, τούτων τι ἀποκρινῇ;

10 Οὐκ ἂν θαυμάσαιμι, ἦν δ᾽ ἐγώ· εἴ μοι σκεψαμένῳ οὕτω
d δόξειεν.

Τί οὖν, ἔφη, ἂν ἐγὼ δείξω ἑτέραν ἀπόκρισιν παρὰ πάσας
ταύτας περὶ δικαιοσύνης, βελτίω τούτων; τί ἀξιοῖς παθεῖν;

Τί ἄλλο, ἦν δ᾽ ἐγώ, ἢ ὅπερ προσήκει πάσχειν τῷ μὴ
5 εἰδότι; προσήκει δέ που μαθεῖν παρὰ τοῦ εἰδότος· καὶ ἐγὼ
οὖν τοῦτο ἀξιῶ παθεῖν.

Ἡδὺς γὰρ εἶ, ἔφη· ἀλλὰ πρὸς τῷ μαθεῖν καὶ ἀπότεισον
ἀργύριον.

ἄξιος, -α, -ον: worthy of, deserving of, 3
ἀπ-αγορεύω: to renounce, give up, forbid, 2
ἀπ-εῖπον: to speak out, tell, declare, 1
ἀπο-δέχομαι: to accept, receive, 5
ἀπό-κρισις, -εως, ἡ: an answer, 2
ἀπο-τίνω: to render, pay, pay back, repay, 1
δείκνυμι: to point out, display, show, 1
δίς: twice, doubly, 1
δύο: two, 3
δώ-δεκα: twelve, 2
εἰρωνεύομαι: to feign ignorance or modesty, 1
ἕξ: six, 1
ἑξ-άκις: six times, 1

ἡδύς, -εῖα, -ύ: sweet, pleasant, glad, 4
θαυμάζω: to wonder, marvel, be astonished, 2
κωλύω: to hinder, check, prevent, 1
ὁπόσος, -α, -ον: how much, many or great, 1
προ-εῖπον: aor. tell beforehand, state before, 2
προ-λέγω: to predict, foretell (+ dat.), 1
πυνθάνομαι: to learn by inquiry or hearsay, 5
τετράκις: four times, 1
τέτταρες, -α: four, 1
τρεῖς, τρία: three, 1
τρίς: three times, thrice, 1
φλυαρέω: to talk nonsense, prattle, 1

---

a5 ἤδη: 1ˢᵗ sg. simple past (plpf.) οἶδα
προύλεγον: προ-έλεγον, 1ˢᵗ sg. impf.
ὅτι: (namely) that; apposition to τούτοις

a6 ἐθελήσοις...εἰρωνεύσοιο...ποιήσοις ἢ
ἀποκρινοῖο: would be willing... would
feign ignorance... would... would; 2ⁿᵈ sg.
fut. optative act. and mid. in secondary
sequence can replace what otherwise
would be fut. ind. in primary sequence

a7 ἐρωτᾷ: asks; ἐρωτάει, 3ʳᵈ sg. pres. ind.

a8 εἰ: 2ⁿᵈ sg. pres. εἰμί
ἤδησθα: 2ⁿᵈ sg. simple past (plpf.) οἶδα

a9 ἔροιο: if ever you ask; 2ⁿᵈ sg. mid. opt.
ἔρομαι not ἐρέω (fut. λέγω), replacing
what would be ἄν + subj. in primary seq.

b1 Ὅπως...μὴ ἐρεῖς: (see to it) that you do
not say; "do not say!" ὅπως + fut. ind. is
an idiomatic form of strong exhortation,
in which the main verb, e.g. σκόπει, is
dropped; this is a response to 336c6

b2 δὶς ἕξ: 2 times 6; i.e. multiplication tables

b3 ὡς: since...; repeating 336d3 above
σου: from you; gen. of source

b3 ἐάν...φλυαρῇς: 2ⁿᵈ sg. pres. subj. in a
future more vivid condition

b4 δῆλον..ἦν: it was clear; impf. εἰμί
οἶμαι: οἴομαι, parenthetical
ἀποκρινοῖτο: would respond; fut. opt.
replaces a fut. ind. in secondary sequence

b5 εἰ...εἶπεν...ἄν εἶπες: if someone had
said... would you have said; past contrary
to fact condition (εἰ aor., ἄν + aor. ind.)

b6 πῶς λέγεις;: What do you mean?
μὴ ἀποκρίνωμαι: am I not to answer?;
deliberative subjunctive

b7 μηδ᾽ εἰ: not even if

τούτων: partitive gen. with subject τι
τυγχάνει ὄν: happen to be (the case); i.e.
be true, complementary pple εἰμί
εἴπω: am I to say; deliberative aor. subj.

c1 τοῦ ἀληθοῦς: from the true; separation
ἄν εἶπες: see b5 above

c2 Εἶεν: well (now); exclamation
ὡς δή...ἐκείνῳ: so very similar this
(instance is) to that (instance); δή is
ironic and sarcastic in tone

c3 εἰ δ᾽ οὖν: if at any rate...; δ᾽ οὖν is a
hypothetical that the speaker really denies
καὶ: in fact; adverbial

c4 ἐρωτηθέντι: to the one asked; aor. pass.
ἧττόν τι: any less; "less in any way"
αὐτὸν: that he; acc. subject

c5 οἴει: 2ⁿᵈ sg. pres. mid. οἴομαι
τὸ φαινόμενον: what appears to him(self)
ἐάντε...ἐάντε: whether...or; "if...if"

c7 Ἄλλο τι: is it anything other (than)...
ὧν...τούτων: of these things, which I...;
acc. pl. assimilates to the gen. of τούτων

c8 ἀποκρινῇ: 2ⁿᵈ sg. fut. mid.

c9 ἄν θαυμάσαιμι...δόξειεν: I would..., it
should seem...; future less vivid, aor. opt.

d1 Τί οὖν: What then; "What, pray?" οὖν
here expresses impatience
ἄν δείξω: if I show; aor. subj. δείκνυμι

d2 βελτίω: better; βελτίο(ν)α, acc. sg.
παθεῖν: that (I) suffer; aor. inf. πάσχω

d3 τῷ μὴ εἰδότι: for one not knowing; οἶδα

d4 μαθεῖν: to learn; aor. inf. μανθάνω

d6 Ἡδὺς γάρ: Yeah, you are naïve; "(you
talk like this) for you are sweet" 338d3
πρὸς τῷ μαθεῖν: in addition to learning
ἀπότεισον: aor. imperative, ἀποτίνω

Οὐκοῦν ἐπειδάν μοι γένηται, εἶπον.

Ἀλλ' ἔστιν, ἔφη ὁ Γλαύκων. ἀλλ' ἕνεκα ἀργυρίου, ὦ
10 Θρασύμαχε, λέγε· πάντες γὰρ ἡμεῖς Σωκράτει εἰσοίσομεν.

e Πάνυ γε οἶμαι, ἦ δ' ὅς· ἵνα Σωκράτης τὸ εἰωθὸς δια-
πράξηται· αὐτὸς μὲν μὴ ἀποκρίνηται, ἄλλου δ' ἀποκρινομένου
λαμβάνῃ λόγον καὶ ἐλέγχῃ.

Πῶς γὰρ ἄν, ἔφην ἐγώ, ὦ βέλτιστε, τὶς ἀποκρίναιτο
5 πρῶτον μὲν μὴ εἰδὼς μηδὲ φάσκων εἰδέναι, ἔπειτα, εἴ τι
καὶ οἴεται, περὶ τούτων ἀπειρημένον αὐτῷ εἴη ὅπως μηδὲν
ἐρεῖ ὧν ἡγεῖται ὑπ' ἀνδρὸς οὐ φαύλου; ἀλλὰ σὲ δὴ μᾶλλον
338 εἰκὸς λέγειν· σὺ γὰρ δὴ φῂς εἰδέναι καὶ ἔχειν εἰπεῖν. μὴ
οὖν ἄλλως ποίει, ἀλλὰ ἐμοί τε χαρίζου ἀποκρινόμενος καὶ
μὴ φθονήσῃς καὶ Γλαύκωνα τόνδε διδάξαι καὶ τοὺς ἄλλους.

Εἰπόντος δέ μου ταῦτα, ὅ τε Γλαύκων καὶ οἱ ἄλλοι
5 ἐδέοντο αὐτοῦ μὴ ἄλλως ποιεῖν. καὶ ὁ Θρασύμαχος φανερὸς
μὲν ἦν ἐπιθυμῶν εἰπεῖν ἵν' εὐδοκιμήσειεν, ἡγούμενος ἔχειν
ἀπόκρισιν παγκάλην· προσεποιεῖτο δὲ φιλονικεῖν πρὸς τὸ
ἐμὲ εἶναι τὸν ἀποκρινόμενον. τελευτῶν δὲ συνεχώρησεν,
b κἄπειτα, αὕτη δή, ἔφη, ἡ Σωκράτους σοφία· αὐτὸν μὲν μὴ
ἐθέλειν διδάσκειν, παρὰ δὲ τῶν ἄλλων περιόντα μανθάνειν
καὶ τούτων μηδὲ χάριν ἀποδιδόναι.

Ὅτι μέν, ἦν δ' ἐγώ, μανθάνω παρὰ τῶν ἄλλων, ἀληθῆ
5 εἶπες, ὦ Θρασύμαχε, ὅτι δὲ οὔ με φῂς χάριν ἐκτίνειν,
ψεύδῃ· ἐκτίνω γὰρ ὅσην δύναμαι. δύναμαι δὲ ἐπαινεῖν
μόνον· χρήματα γὰρ οὐκ ἔχω. ὡς δὲ προθύμως τοῦτο δρῶ,
ἐάν τίς μοι δοκῇ εὖ λέγειν, εὖ εἴσῃ αὐτίκα δὴ μάλα, ἐπειδὰν
ἀποκρίνῃ· οἶμαι γάρ σε εὖ ἐρεῖν.

c Ἄκουε δή, ἦ δ' ὅς. φημὶ γὰρ ἐγὼ εἶναι τὸ δίκαιον
οὐκ ἄλλο τι ἢ τὸ τοῦ κρείττονος συμφέρον. ἀλλὰ τί οὐκ
ἐπαινεῖς; ἀλλ' οὐκ ἐθελήσεις.

ἀπ-εῖπον: to forbid, deny, refuse, 1
ἀπό-κρισις, -εως, ἡ: an answer, 2
αὐτίκα: straightway, at once; presently, 2
δια-πράττω: to accomplish, effect, 1
διδάσκω: to teach, instruct, 3
δράω: to do, 2
εἰκός, ότος, τό: likely, probably, reasonable 4
εἰσ-φέρω: to bring in, introduce; contribute, 2
ἐκ-τίνω: to pay in full, pay back, 2
ἐλέγχω: to cross-examine, question; refute, 3
ἐπαινέω: to praise, approve, commend, 3
ἐπι-θυμέω: to desire, long for, 2
εὐ-δοκιμέω: to be of good repute, esteemed, 2
μάλα: very, very much, exceedingly, 5

πάγ-καλος, -η, -ον: all-beautiful, -glorious, 2
περι-έρχομαι: to go around, 1
προ-θύμως: eagerly, zealously, willingly, 1
προσ-ποιέω: to make up, pretend; allege, 1
τελευτάω: to end, complete, finish; die, 3
φανερός, -ά, -όν: visible, manifest, evident, 3
φάσκω: to say, affirm, claim, 2
φαῦλος, -η, -ον: slight, trivial, insignificant, 1
φθονέω: to begrudge (acc.) to (inf.), 1
φιλο-νεικέω: to be contentious, fond of strife 1
χαρίζομαι: to do a favor, gratify, indulge, 3
χάρις, χάριτος, ἡ: favor, gratitude, thanks, 2
ψεύδομαι: *mid.* to lie, cheat, beguile, 2

---

d8 Οὐκοῦν ἐπειδάν μοι γένηται: *(I will pay) whenever I have the money, then*; dat. of poss., aor. subj., general temporal clause
d9 ἔστιν: *you have (it)*; "there is *(the money for you)*" in response to d8
ἀλλά: *come (now)*; introducing an imper.
d10 εἰσοίσομεν: 1st pl. fut. εἰσφέρω + dat.
e1 ἦ δ᾽ ὅς: *he said*; demonstrative pronoun
ἵνα...διαπράξηται...ἀποκρίνηται... λαμβάνῃ...ἐλέγχῃ: *so that...*; aor. subj. διαπράττω and more often 3rd sg. pres. subj. in an extended purpose clause
τὸ εἰωθός: *his customary thing*; "the accustomed," pf. pple ἔθω
e2 ἄλλου...ἀποκρινομένου: gen. absolute
e4 Πῶς γὰρ: *how could..?*; confirms and expresses (im)possibility and surprise
ἄν...τὶς ἀποκρίναιτο: *anyone answer...*; indefinite pronoun, aorist potential opt.
e5 εἰδὼς: nom. sg. pple οἶδα
εἰδέναι: inf. οἶδα
εἴ τι καὶ οἴεται: *if in fact he has some opinion*; "thinks something," inner acc.
e6 ἀπειρημένον αὐτῷ εἴη: *it would be forbidden for him*; periphrastic perfect: pf. pple ἀπεῖπον + 3rd sg. opt. εἰμί
ὅπως...ἐρεῖ: *that...*; ὅπως and fut. (λέγω) in a clause of effort
e7 ὧν: *(of the things) which*; acc. assimilates to the gen. of the missing antecedent
ὑπὸ ἀνδρὸς: gen. agent with pass. voice in e6
οὐ φαύλου: *no ordinary*; i.e. important; litotes
σὲ δὴ: *just you*; "you (and no other)," acc.

subject of λέγειν
338a1 εἰκὸς: *(it is) reasonable*; supply ἐστίν
σὺ...δὴ: *just you*; "you (and no other),"
εἰδέναι: inf. οἶδα
ἔχειν: *are able*; ἔχω + inf.
a2 ποίει: ποίεε, sg. imperative ποιέω
χαρίζου: 2nd sg. mid. imperative + dat.
a3 μὴ φθονήσῃς: *you should not...*; 2nd sg. aor. prohibitive subjunctive
διδάξαι: aor. inf. διδάσκω
a4 Εἰπόντος δέ μου: gen. absolute
a5 ἐδέοντο: *asked*; + gen.
φανερὸς: *clearly*; nom. adj. as adverb
a6 ἦν: 2nd sg. impf. εἰμί
ἵνα: *so that he might...*; aor. opt. in a purpose clause, secondary sequence
a7 πρὸς τὸ...εἶναι: *with regard to...*; here, with an articular inf. εἰμί
a8 τελευτῶν: *finally*; "ending," pres. pple
b1 κἄπειτα: καὶ ἔπειτα
Αὕτη δή: *this (is) precisely*
αὐτὸν...ἀποδιδόναι: *namely that he...*; acc. subj. + inf. in apposition to αὕτη
b2 περιόντα: pres. pple περι-έρχομαι
τούτων: *for these things*; gen. of value
b4 "Οτι: *that...*
b6 ψεύδη: ψεύδε(σ)αι, 2nd sg. pres.
ὅσην: *as much favor as*; supply χάριν
b7 μόνον: *only*; adverbial acc.
ὡς προθύμως: *how eagerly*; obj. of εἴσῃ
b8 εἴσῃ: εἴσε(σ)αι, 2nd sg. fut. οἶδα
b9 ἐρεῖν: *will speak*; ἐρέω fut. inf. λέγω
c1 "Ακουε δή: *Hear then*
c2 τὸ συμφέρον: *the advantageous*; pple
c3 ἀλλὰ τί: *Well, why...?*

Ἐὰν μάθω γε πρῶτον, ἔφην, τί λέγεις· νῦν γὰρ οὔπω
5 οἶδα. τὸ τοῦ κρείττονος φῂς συμφέρον δίκαιον εἶναι. καὶ
τοῦτο, ὦ Θρασύμαχε, τί ποτε λέγεις; οὐ γάρ που τό γε
τοιόνδε φῂς· εἰ Πουλυδάμας ἡμῶν κρείττων ὁ παγκρατιαστὴς
καὶ αὐτῷ συμφέρει τὰ βόεια κρέα πρὸς τὸ σῶμα, τοῦτο τὸ
d σιτίον εἶναι καὶ ἡμῖν τοῖς ἥττοσιν ἐκείνου συμφέρον ἅμα
καὶ δίκαιον.

Βδελυρὸς γὰρ εἶ, ἔφη, ὦ Σώκρατες, καὶ ταύτῃ ὑπολαμ-
βάνεις ᾗ ἂν κακουργήσαις μάλιστα τὸν λόγον.

5 Οὐδαμῶς, ὦ ἄριστε, ἦν δ᾽ ἐγώ· ἀλλὰ σαφέστερον εἰπὲ
τί λέγεις.

Εἶτ᾽ οὐκ οἶσθ᾽, ἔφη, ὅτι τῶν πόλεων αἱ μὲν τυραννοῦνται,
αἱ δὲ δημοκρατοῦνται, αἱ δὲ ἀριστοκρατοῦνται;

Πῶς γὰρ οὔ;

10 Οὐκοῦν τοῦτο κρατεῖ ἐν ἑκάστῃ πόλει, τὸ ἄρχον;

Πάνυ γε.

e Τίθεται δέ γε τοὺς νόμους ἑκάστη ἡ ἀρχὴ πρὸς τὸ αὑτῇ
συμφέρον, δημοκρατία μὲν δημοκρατικούς, τυραννὶς δὲ
τυραννικούς, καὶ αἱ ἄλλαι οὕτως· θέμεναι δὲ ἀπέφηναν τοῦτο
δίκαιον τοῖς ἀρχομένοις εἶναι, τὸ σφίσι συμφέρον, καὶ τὸν
5 τούτου ἐκβαίνοντα κολάζουσιν ὡς παρανομοῦντά τε καὶ
ἀδικοῦντα. τοῦτ᾽ οὖν ἐστιν, ὦ βέλτιστε, ὃ λέγω ἐν ἁπάσαις
339 ταῖς πόλεσιν ταὐτὸν εἶναι δίκαιον, τὸ τῆς καθεστηκυίας ἀρχῆς
συμφέρον· αὕτη δέ που κρατεῖ, ὥστε συμβαίνει τῷ ὀρθῶς
λογιζομένῳ πανταχοῦ εἶναι τὸ αὐτὸ δίκαιον, τὸ τοῦ κρείτ-
τονος συμφέρον.

5 Νῦν, ἦν δ᾽ ἐγώ, ἔμαθον ὃ λέγεις· εἰ δὲ ἀληθὲς ἢ μή,
πειράσομαι μαθεῖν. τὸ συμφέρον μὲν οὖν, ὦ Θρασύμαχε,
καὶ σὺ ἀπεκρίνω δίκαιον εἶναι—καίτοι ἔμοιγε ἀπηγόρευες
ὅπως μὴ τοῦτο ἀποκρινοίμην—πρόσεστιν δὲ δὴ αὐτόθι τὸ
"τοῦ κρείττονος."

ἅμα: at the same time; along with (dat.), 5
ἀπ-αγορεύω: to renounce, give up, forbid, 2
ἅπας, ἅπασα, ἅπαν: every, quite all, 3
ἀπο-φαίνω: to show, make clear; perform, 1
ἀριστο-κρατέομαι: be governed by the best 1
αὐτό-θι: on the very spot or moment, 4
βδελυρός, -ά, -όν: loathsome, disgusting, 1
βόειος, -α, -ον: of an oxen
δημοκρατέομαι: be governed by the people 1
δημοκρατία, ἡ: democracy, 1
δημοκρατικός, -ή, -όν: democratic, 1
εἶτα: then, next, and so, therefore, 1
ἐκ-βαίνω: to step out; go out, (gen.) 1
καθ-ίστημι: to set down; appoint, establish, 1
καίτοι: and yet, and indeed, and further, 3
κακ-ουργέω: to do wrong, do mischief, 4
κολάζω: to punish, correct, check, 1
κρατέω: to rule; control, overcome (gen.) 3
κρέας, τό: meat, flesh, 1

λογίζομαι: to reckon, calculate, count, 1
νόμος, ὁ: law, custom, 2
οὐδαμῶς: in no way, not at all, 5
οὔ-πω: not yet, 3
πάγ-κρατιαστής, ὁ: skilled in pancration, 1
παντα-χου: everywhere, in all places, 2
παρα-νομέω: to transgress the law, 1
πειράω: to try, attempt, endeavor, 2
Πουλυδάμας, ὁ: Poulydamas, 1
πρόσ-ειμι: to be in addition, 2
σαφής, -ές: clear, distinct, definite, 3
σιτίον, τό: grain, bread, food, 2
συμ-βαίνω: to happen, occur, result, 5
ταύτῃ: in this respect, in this way, so, thus, 2
τοιόσδε, -άδε, -όνδε: such (as this), 5
τυραννέομαι: to be governed by a tyrant, 1
τυραννικός, -ή, -όν: despotic, autocratic, 1
τυραννίς, -ίδος, ἡ: absolute power, tyranny, 2
ὑπο-λαμβάνω: to take up, reply; suppose, 5

---

c4 μάθω: 1st sg. aor. subj. μανθάνω, a protasis in a future more vivid condition, complementing Thrasymachus' fut. tense apodosis in the previous sentence
τί λέγεις: *what you mean*
c6 τοῦτο...λέγεις: *What in the world do you mean (by) this?*; "whatever"
τό γε τοιόνδε: *the following at any rate*; "this here sort"
c7 ἡμῶν: gen. of comparison
κρείττων: *(is) stronger*; supply verb
c8 συμφέρει: *is advantageous to* + dat., here with a neuter pl. subject κρέα
πρὸς: *with regard to* + acc
d1 ἥττοσιν ἐκείνου: *weaker than that one*; dat. pl. comparative and gen. comparison
d3 βδελυρὸς γὰρ: *Yeah, you are a buffoon*; "(you talk like this) for you are a buffoon," cf. 337d6
ταύτῃ...ᾗ *in this way...in which (way)*; dat. of manner
d4 ἂν κακουργήσαις: *you would...*; αν΄+ aor. opt., relative clause of characteristic
d7 οἶσθα: 2nd sg. οἶδα
τῶν πόλεων: *among the cities*; partitive
αἱ μὲν..αἱ δὲ: *some...others*
d9 Πῶς γὰρ οὔ: *how could (I) not?*; expresses (im)possibility and surprise
d10 Οὐκοῦν: *Then,...not?*; inferential, begins

question seeking a "yes" response
τὸ ἄρχον: *the one ruling*; neuter pple in apposition to τοῦτο
e1 Τίθεται: *makes*; "sets down"
πρὸς: *with regard to* + acc.
τὸ αὐτῇ συμφέρον: *the advantage to itself*; ἑαυτῇ, 3rd person reflexive
e3 θέμεναι: *making (laws)*; aor. pple τίθημι
ἀπέφηναν: *made clear*; aor. ἀποφαίνω
e4 σφίσι: *for them*; i.e. the rulers; cf. e1
τὸν...ἐκβαίνοντα: *the one transgressing*
ὡς: *on the grounds that*; "since" ὡς + pple expresses alleged cause, in this case the charge against the one transgressing
339a1 πόλεσιν: dat. pl. πόλις
ταὐτὸν: *the same*; τὸ αὐτὸν; acc. subject
καθεστηκυίας: *established*; fem. gen. sg. aor pple καθ-ίστημι
a2 συμβαίνει: *it results*
τῷ ὀρθῶς λογιζομένῳ: *for the once reasoning correctly*; dat. of interest
a3 τὸ αὐτὸ...: *the same...*; attribute position
a5 ἔμαθον: 1st sg. aor. μανθάνω
a6 πειράσομαι: fut. dep. πειράω
a7 ἀπεκρίνω: *you answered*; ἀπεκρινα(σ)ο; 2nd sg. aor.
a8 ὅπως μὴ...ἀποκρινοίμην: *that I would not...*; clause of effort with fut. optative in place of fut. ind. in secondary seq.

b   Σμικρά γε ἴσως, ἔφη, προσθήκη.

Οὔπω δῆλον οὐδ᾽ εἰ μεγάλη· ἀλλ᾽ ὅτι μὲν τοῦτο σκεπτέον εἰ ἀληθῆ λέγεις, δῆλον. ἐπειδὴ γὰρ συμφέρον γέ τι εἶναι καὶ ἐγὼ ὁμολογῶ τὸ δίκαιον, σὺ δὲ προστιθεῖς καὶ αὐτὸ φὴς
5   εἶναι τὸ τοῦ κρείττονος, ἐγὼ δὲ ἀγνοῶ, σκεπτέον δή.

Σκόπει, ἔφη.

Ταῦτ᾽ ἔσται, ἦν δ᾽ ἐγώ. καί μοι εἰπέ· οὐ καὶ πείθεσθαι μέντοι τοῖς ἄρχουσιν δίκαιον φὴς εἶναι;

Ἔγωγε.

c   Πότερον δὲ ἀναμάρτητοί εἰσιν οἱ ἄρχοντες ἐν ταῖς πόλεσιν ἑκάσταις ἢ οἷοί τι καὶ ἁμαρτεῖν;

Πάντως που, ἔφη, οἷοί τι καὶ ἁμαρτεῖν.

Οὐκοῦν ἐπιχειροῦντες νόμους τιθέναι τοὺς μὲν ὀρθῶς
5   τιθέασιν, τοὺς δέ τινας οὐκ ὀρθῶς;

Οἶμαι ἔγωγε.

Τὸ δὲ ὀρθῶς ἄρα τὸ τὰ συμφέροντά ἐστι τίθεσθαι ἑαυτοῖς, τὸ δὲ μὴ ὀρθῶς ἀσύμφορα; ἢ πῶς λέγεις;

Οὕτως.

10   Ἃ δ᾽ ἂν θῶνται ποιητέον τοῖς ἀρχομένοις, καὶ τοῦτό ἐστι τὸ δίκαιον;

Πῶς γὰρ οὔ;

d   Οὐ μόνον ἄρα δίκαιόν ἐστιν κατὰ τὸν σὸν λόγον τὸ τοῦ κρείττονος συμφέρον ποιεῖν ἀλλὰ καὶ τοὐναντίον, τὸ μὴ συμφέρον.

Τί λέγεις σύ; ἔφη.

5   Ἃ σὺ λέγεις, ἔμοιγε δοκῶ· σκοπῶμεν δὲ βέλτιον. οὐχ ὡμολόγηται τοὺς ἄρχοντας τοῖς ἀρχομένοις προστάττοντας ποιεῖν ἄττα ἐνίοτε διαμαρτάνειν τοῦ ἑαυτοῖς βελτίστου, ἃ δ᾽ ἂν προστάττωσιν οἱ ἄρχοντες δίκαιον εἶναι τοῖς ἀρχομένοις ποιεῖν; ταῦτ᾽ οὐχ ὡμολόγηται;

10   Οἶμαι ἔγωγε, ἔφη.

ἀν-αμάρτητος, -ον: unfailing, unerring, 2
ἀ-σύμφορος, -ον: inexpedient, inconvenient, 4
δι-αμαρτάνω: to make a mistake, fail utterly 2
ἐνί-οτε: sometimes, 5
νόμος, ὁ: law, custom, 2
οὔ-πω: not yet, 3

πάντως: altogether, by all means, certainly, 1
ποιητέος, -α, -ον: to be made or done, 3
προσ-θήκη, ἡ: addition, add-on, 1
προσ-τίθημι: to add, attribute, impose, give. 4
σκεπτέος, -ον: one must reflect or consider, 4
σμικρός, -ά, -όν: small, little, 3

---

b1 σμικρά: *trifling*; i.e. small in significance; Thrasymachus does not think the addition "of the stronger" is trifling and is likely testing Socrates' response

b2 δῆλον οὐδ᾿ εἰ: *(is it) even clear whether*; δῆλον is neuter predicate, add ἐστίν
μεγάλη: *(it is) important*; add ἐστίν
ὅτι...δῆλον: *(it is) clear that*; "clearly"
σκεπτέον: *this must be examined*; "(is) to be examined," verbal adjective expresses necessity or obligation; supply ἐστιν

b4 καὶ ἐγώ: *I also*; καί is an adverb
προστίθεὶς: nom. sg. pres. pple

b6 Σκόπει: σκόπε-ε, sg. pres. imperative

b7 ἔσται: 3rd sg. fut. εἰμί with neut. pl. subj.
οὐ: *do you not...?*; expects "yes" answer
τοῖς ἄρχουσιν: *those ruling*; dat. pl. object of πείθεσθαι

c1 εἰσιν: 3rd pl. pres. εἰμί
πόλεσιν: *cities*; dat. pl. πόλις

c2 οἷον...ἁμαρτεῖν: *(are they) such so as to make an error*; aor. inf. of result
τι: inner acc. of ἁμαρτεῖν
καὶ: *in fact*; adverbial

c3 που: *I suppose*
τιθέασιν: *they make*; 3rd pl. pres.

c6 Οἶμαι: οἴομαι

c7 τὸ δὲ...ἑαυτοῖς: *to make laws rightly is to make those advantageous to themselves*; τὸ δὲ ὀρθῶς (τίθεσθαι) ἄρα ἐστι τὸ τὰ συμφέροντά ἑαυτοῖς τίθεσθαι; ellipsis, the same articular inf. is subj. and pred.

c8 τὸ δὲ...ἀσύμφορα: τὸ δὲ μὴ ὀρθῶς (τίθεσθαι ἐστιν τὸ) τὰ ἀσύμφορα (ἑαυτοῖς) τίθεσθαι; parallel to c7

c10 Ἅ...θῶνται: *whatever (laws the rulers) make...*; 3rd pl. aor. subj. τίθημι in clause of characteristic (general relative)
ποιητέον τοῖς ἀρχομένοις: *must those being ruled do...*; "(is it) to be done by those ruled" dat. agent with verbal adj.

c12 Πῶς γὰρ οὔ: *how could I not?*; confirms and expresses (im)possibility and surprise

d1 Οὐ μόνον...ἀλλὰ καὶ: *not only...but also*
κατὰ: *according to...*; + acc.

d2 τὸ μὴ συμφέρον: *what is not an advantage (of the stronger)*; κρείττονος

d5 Ἅ...λέγεις: *(I am saying) what...*; relative clause with missing antecedent
ἔμοιγε δοκῶ: *I think*; "I seem to myself"
σκοπῶμεν: *let us...*; hortatory subjunctive
βέλτιον: *better*; comparative adverb
οὐχ ὡμολόγηται: *has it not been agreed that*; pf. pass. governs two acc. subject + inf. clauses: τοὺς ἄρχοντας... διαμαρτάνειν and δίκαιον εἶναι

d7 ποιεῖν ἄττα: *to do something*; object of προστάττοντας; equivalent to τινα
τοῦ...βελτίστου: *from what is best for themselves*; equivalent to τὸ συμφέρον
ἅ δ...οἱ ἄρχοντες: *whatever...*; pres. subj. in a relative clause of characteristic (general relative); object of ποιεῖν below

d8 δίκαιον εἶναι: *it is just...*; + inf. ποεῖν

A Stronger Athens Beseiges a Weaker Chalcedon, Thrasymachus' Birthplace, in 409

"Alcibiades set to work with the whole of his troops to draw lines of circumvallation round Chalcedon from sea to sea, so as to include as much of the river as possible within its wall, which was made of timber...After his success Alcibiades set off to the Hellespont and the Chersonese to raise money...it was further stipulated by mutual consent and under oaths provided, that the Chalcedonians should continue the payment of their customary tribute to Athens, beings also bound to discharge all outstanding debts. The Athenians, on their side, were bound to desist from all hostilities until the return of their ambassadors from the king.

Xenophon, *Hellenica* I.3, trans. H. G. Dakyns

e   Οἷον τοίνυν, ἦν δ᾽ ἐγώ, καὶ τὸ ἀσύμφορα ποιεῖν τοῖς
ἄρχουσί τε καὶ κρείττοσι δίκαιον εἶναι ὡμολογῆσθαί σοι,
ὅταν οἱ μὲν ἄρχοντες ἄκοντες κακὰ αὑτοῖς προστάττωσιν,
τοῖς δὲ δίκαιον εἶναι φῇς ταῦτα ποιεῖν ἃ ἐκεῖνοι προσέταξαν
5   —ἆρα τότε, ὦ σοφώτατε Θρασύμαχε, οὐκ ἀναγκαῖον συμβαί-
νειν αὐτὸ οὑτωσί, δίκαιον εἶναι ποιεῖν τοὐναντίον ἢ ὃ σὺ
λέγεις; τὸ γὰρ τοῦ κρείττονος ἀσύμφορον δήπου προστάττεται
τοῖς ἥττοσιν ποιεῖν.

340   Ναὶ μὰ Δί, ἔφη, ὦ Σώκρατες, ὁ Πολέμαρχος, σαφέ-
στατά γε.

Ἐὰν σύ γ᾽, ἔφη, αὐτῷ μαρτυρήσῃς, ὁ Κλειτοφῶν ὑπολαβών.

Καὶ τί, ἔφη, δεῖται μάρτυρος; αὐτὸς γὰρ Θρασύμαχος
5   ὁμολογεῖ τοὺς μὲν ἄρχοντας ἐνίοτε ἑαυτοῖς κακὰ
προστάττειν, τοῖς δὲ δίκαιον εἶναι ταῦτα ποιεῖν.

Τὸ γὰρ τὰ κελευόμενα ποιεῖν, ὦ Πολέμαρχε, ὑπὸ τῶν
ἀρχόντων δίκαιον εἶναι ἔθετο Θρασύμαχος.

Καὶ γὰρ τὸ τοῦ κρείττονος, ὦ Κλειτοφῶν, συμφέρον
b   δίκαιον εἶναι ἔθετο. ταῦτα δὲ ἀμφότερα θέμενος ὡμολό-
γησεν αὖ ἐνίοτε τοὺς κρείττους τὰ αὑτοῖς ἀσύμφορα κελεύειν
τοὺς ἥττους τε καὶ ἀρχομένους ποιεῖν. ἐκ δὲ τούτων τῶν
ὁμολογιῶν οὐδὲν μᾶλλον τὸ τοῦ κρείττονος συμφέρον δίκαιον
5   ἂν εἴη ἢ τὸ μὴ συμφέρον.

Ἀλλ᾽, ἔφη ὁ Κλειτοφῶν, τὸ τοῦ κρείττονος συμφέρον
ἔλεγεν ὃ ἡγοῖτο ὁ κρείττων αὑτῷ συμφέρειν· τοῦτο ποιητέον
εἶναι τῷ ἥττονι, καὶ τὸ δίκαιον τοῦτο ἐτίθετο.

Ἀλλ᾽ οὐχ οὕτως, ἦ δ᾽ ὃς ὁ Πολέμαρχος, ἐλέγετο.

c   Οὐδέν, ἦν δ᾽ ἐγώ, ὦ Πολέμαρχε, διαφέρει, ἀλλ᾽ εἰ νῦν
οὕτω λέγει Θρασύμαχος, οὕτως αὐτοῦ ἀποδεχώμεθα. καί
μοι εἰπέ, ὦ Θρασύμαχε· τοῦτο ἦν ὃ ἐβούλου λέγειν τὸ δίκαιον,
τὸ τοῦ κρείττονος συμφέρον δοκοῦν εἶναι τῷ κρείττονι, ἐάν-
5   τε συμφέρῃ ἐάντε μή; οὕτω σε φῶμεν λέγειν;

ἀμφότερος, -α, -ον: each of two, both, 1
ἀναγκαῖος, -α, -ον: necessary, inevitable, 3
ἀπο-δέχομαι: to accept, receive, 5
ἀ-σύμφορος, -ον: inexpedient, inconvenient, 4
δή-που: perhaps, I suppose, of course, 4
δια-φέρω: to differ, surpass, be superior to, 5
ἐνί-οτε: sometimes, 5
Κλειτοφῶν, ὁ: Clitophon, 4

μά: by, *in affirmation*, 5
μαρτυρέω: to bear witness, give evidence, 1
μάρτυς, ὁ, ἡ: a witness, 1
ὁμολογία, ἡ: agreement, 1
ποιητέος, -α, -ον: to be made or done, 3
σαφής, -ές: clear, distinct, definite, 3
συμ-βαίνω: to happen, occur, result, 5
ὑπο-λαμβάνω: to take up, reply; suppose, 5

---

e1 οἴου: *think*; sg. imperative οἴομαι
τὸ...ποιεῖν: *that to do...;* acc. subj. of
δίκαιον εἶναι and the entire construction
is acc. subj. of inf. ὠμολογῆσθαι below
τοῖς ἄρχουσί...κρείττοσι: *for those*
ruling and stronger; dat. of interest
modifying ἀσύμφορα

e2 ὠμολογῆσθαι σοι: *that it has been*
agreed by you; pf. pass. inf. + dat. agent

e3 αὐτοῖς: *for themselves;* ἑαυτοῖς
προστάττωσιν: 3rd pl. pres. subjunctive
general temporal clause

e4 τοῖς δὲ: *but for others;* i.e. those ruled

e5 σοφώτατε: superlative degree, vocative
ἀναγκαῖον: *(it is) necessary*

e6 οὑτωσί: *in this here way;* deictic iota
used here to express close proximity
τοὐναντίον ἤ: *opposite to;* "opposite
than," τὸ ἐναντίον
τὸ...ἀσύμφορον: acc. object of ποιεῖν

e7 προστάττεται τοῖς ἥττοσιν: *it is*
ordered for the weaker to...; dat. pl. obj.

340a1 μὰ Δία: *by Zeus;* acc. sg.
σαφέστατα γε: *yes, most accurately;*
superlative adverb

a3 Ἐὰν σύ γ᾽: *yes, if you...;* ἄν + aor. subj. is
a protasis in a present general condition
without an apodosis

a4 τί: *why...?*

a6 τοῖς δὲ: *but for others;* i.e. those ruled

a7 Τὸ γάρ: *yes, because...*
ὑπὸ τῶν ἀρχόντων: *by...;* gen. agent
governed by pass. pple τὰ κελευόμενα

a8 ἔθετο: *set down;* aor. mid. τίθημι

a9 Καὶ γάρ: *yes, for also;* καί as connective

b1 ἔθετο: *he set forth that;* aor. mid. τίθημι
θέμενος: aor. mid. pple τίθημι

b2 αὐτοῖς: *for themselves;* ἑαυτοῖς

b3 τοὺς ἥττους: *the weaker;* ἥττο(ν)ες
ἀρχομένους: one and same as ἥττους

b4 οὐδὲν μᾶλλον...ἤ: *nothing more than;*
acc. of extent of degree with comparative

b5 ἂν εἴη: *would be;* potential opt. εἰμί

b7 ὅ ἡγοῖτο: *(was that) which...believed;*
pres. opt. ἡγέομαι replacing present ind.
in secondary sequence; supply εἶναι and
a missing antecedent before this clause
αὐτῷ: *for himself;* dat. respect
τοῦτο ποιητέον εἶναι...ἐτίθετο: *that this*
had to be done by the weaker and that
this (was) the just he set down; verbal
adj. + εἶναι expresses obligation and
governs a dat. of agent; supply εἶναι
ἐτίθετο: *he was setting down that;* impf.

c1 Οὐδέν...διαφέρει: *it makes no difference;*
inner. acc.
αὐτοῦ: *from him;* gen. source

c2 ἀποδεχώμεθα: *let us...;* hortatory subj.
ἦν: *was;* impf. εἰμί

c3 ἐβούλου: ἐβούλε(σ)ο, 2nd sg. impf. mid.
τὸ δίκαιον: *that the just (is)*

c4 τὸ...δοκοῦν εἶναι namely *something*
appearing to be...; in apposition to
τοῦτο above
ἐάντε...ἐάντε: *whether...or*

c5 συμφέρῃ: *it is advantageous;* 3rd sg. pres.
subjunctive
φῶμεν: *are we to claim;* delib. subj. φημί

γάρ in replies

Whereas in English we often express an affirmative and leave out a subordinate conjunction,
e.g. "Yes, (because) Thrasymachus said..." (340a7), Greek often expresses the conjunction
and leaves out the affirmative: "(Yes), because Thrasymachus said..." It is for this reason
that we often have to translate γάρ in replies as "yes, because..." or "yes, for..."

Ἥκιστά γε, ἔφη· ἀλλὰ κρείττω με οἴει καλεῖν τὸν ἐξαμαρ-
τάνοντα ὅταν ἐξαμαρτάνῃ;

Ἔγωγε, εἶπον, ᾤμην σε τοῦτο λέγειν ὅτε τοὺς ἄρχοντας
ὡμολόγεις οὐκ ἀναμαρτήτους εἶναι ἀλλά τι καὶ ἐξαμαρτάνειν.

d   Συκοφάντης γὰρ εἶ, ἔφη, ὦ Σώκρατες, ἐν τοῖς λόγοις·
ἐπεὶ αὐτίκα ἰατρὸν καλεῖς σὺ τὸν ἐξαμαρτάνοντα περὶ τοὺς
κάμνοντας κατ' αὐτὸ τοῦτο ὃ ἐξαμαρτάνει; ἢ λογιστικόν, ὃς
ἂν ἐν λογισμῷ ἁμαρτάνῃ, τότε ὅταν ἁμαρτάνῃ, κατὰ ταύτην
5 τὴν ἁμαρτίαν; ἀλλ' οἶμαι λέγομεν τῷ ῥήματι οὕτως, ὅτι ὁ
ἰατρὸς ἐξήμαρτεν καὶ ὁ λογιστὴς ἐξήμαρτεν καὶ ὁ γραμ-
ματιστής· τὸ δ' οἶμαι ἕκαστος τούτων, καθ' ὅσον τοῦτ' ἔστιν
e ὃ προσαγορεύομεν αὐτόν, οὐδέποτε ἁμαρτάνει· ὥστε κατὰ
τὸν ἀκριβῆ λόγον, ἐπειδὴ καὶ σὺ ἀκριβολογῇ, οὐδεὶς τῶν
δημιουργῶν ἁμαρτάνει. ἐπιλειπούσης γὰρ ἐπιστήμης ὁ ἁμαρ-
τάνων ἁμαρτάνει, ἐν ᾧ οὐκ ἔστι δημιουργός· ὥστε δημιουργὸς
5 ἢ σοφὸς ἢ ἄρχων οὐδεὶς ἁμαρτάνει τότε ὅταν ἄρχων ᾖ, ἀλλὰ
πᾶς γ' ἂν εἴποι ὅτι ὁ ἰατρὸς ἥμαρτεν καὶ ὁ ἄρχων ἥμαρτεν.
τοιοῦτον οὖν δή σοι καὶ ἐμὲ ὑπόλαβε νυνδὴ ἀποκρίνεσθαι·
τὸ δὲ ἀκριβέστατον ἐκεῖνο τυγχάνει ὄν, τὸν ἄρχοντα, καθ'
341 ὅσον ἄρχων ἐστίν, μὴ ἁμαρτάνειν, μὴ ἁμαρτάνοντα δὲ τὸ
αὑτῷ βέλτιστον τίθεσθαι, τοῦτο δὲ τῷ ἀρχομένῳ ποιητέον.
ὥστε ὅπερ ἐξ ἀρχῆς ἔλεγον δίκαιον λέγω, τὸ τοῦ κρείττονος
ποιεῖν συμφέρον.

5   Εἶεν, ἦν δ' ἐγώ, ὦ Θρασύμαχε· δοκῶ σοι συκοφαντεῖν;

Πάνυ μὲν οὖν, ἔφη.

Οἴει γάρ με ἐξ ἐπιβουλῆς ἐν τοῖς λόγοις κακουργοῦντά σε
ἐρέσθαι ὡς ἠρόμην;

Εὖ μὲν οὖν οἶδα, ἔφη. καὶ οὐδέν γέ σοι πλέον ἔσται·
b οὔτε γὰρ ἄν με λάθοις κακουργῶν, οὔτε μὴ λαθὼν βιάσασθαι
τῷ λόγῳ δύναιο.

ἀκριβολογέομαι: to be exact, be precise, 1
ἁμαρτία, ἡ: mistake, failure, fault; guilt, 2
ἀν-αμάρτητος, -ον: unfailing, unerring, 2
αὐτίκα: straightway, at once; presently, 2
βιάζω: to overpower, use force, use force, 1
γραμματιστής, ὁ: schoolmaster, teacher, 1
ἐπι-βουλή, ἡ: plot, a plan against, 1
ἐπι-λείπω: to leave behind; fail, be wanting, 1
ἐπι-στήμη, ἡ: knowledge, understanding, 3
ἥκιστος, -η, -ον: least; not at all, 1
κακ-ουργέω: to do wrong, do mischief, 4

λογισμός, ὁ: calculation; counting, reasoning 1
λογιστής, ὁ: calculator, one who counts, 1
λογιστικός, -ή, -όν: skilled in calculating, 1
ὅτε: when, at some time, 1
οὐδέ-ποτε: not ever, never, 3
ποιητέος, -α, -ον: to be made or done, 3
προσ-αγορεύω: to address, call by name, 1
ῥῆμα, τό: a word, saying, phrase, 2
συκο-φαντέω: to quibble, accuse falsely, 4
συκο-φάντης, -ου ὁ: quibbler, false accuser, 1
ὑπο-λαμβάνω: to take up, reply; suppose, 5

---

c6 Ἥκιστά: *least (of all)*; superlative adv.
κρείττω: κρείττο(ν)α, acc.sg.
οἴει: 2nd sg. pres. mid. οἴομαι
τὸν ἐξαμαρτάνοντα: *the one erring*; 1st
of a double acc. governed by καλεῖς

c7 ἐξαμαρτάνῃ: 3rd sg. pres. subj. in a
general temporal clause

c8 ὤμην: 1st sg. impf. οἴομαι

d1 Συκοφάντης γὰρ εἶ: *Yeah, for you are
quibbler*; "(you talk like this) for you
are a quibbler," cf. 337d6, 338d3

d2 ἐπεὶ αὐτίκα: *since to begin with...*; or
since for example, "since straightaway"
τὸν ἐξαμαρτάνοντα: *the one erring*; 1st
of a double acc. governed by καλεῖς

d3 τοὺς κάμνοντας: *those being ill*; pple
κατ' αὐτὸ τοῦτο...ἐξαμαρτάνει: *in
respect to this (mistake) itself which he
made*

d4 λογιστικὸν ὅς...ἁμαρτάνῃ: *or (do you
call) a counter (the one) who errs...*;
pres. subj. in a relative clause of
characteristic (general relative clause)
κατὰ....: *in respect to...*

d5 οἶμαι: οἴομαι, parenthetical
λέγομεν τῷ ῥήματι: *we literally speak*;
"we speak in (ordinary) wording"
ὅτι: *namely that...*

d6 ἐξήμαρτεν: aor. ἐξαμαρτάνω

d7 τὸ δ: *but in respect to this*; acc. respect
καθ' ὅσον: *insofar as*

e1 κατὰ...ἀκριβῆ λόγον: *in (accordance
with) precise speech*

e2 ἐπειδὴ: *(I say this) since...*
ἀκριβολογῇ: -βολογε(σ)αι; 2nd sg. pres.

e3 ἐπιλείπούσης...ἐπιστήμης: *while
knowledge leaves him*: gen. absolute

e4 ἐν ᾧ: *in which (time)*;

e5 ὅταν...ᾖ: *whenever he is...*; 3rd sg. pres
subj. εἰμί

e6 ἂν εἴποι: *would say*; interative optative

e7 τοιοῦτον οὖν δή...ὑπόλαβε...: *accept just
this sort (of answer) then that I was
giving to you just now*; aor. imperative

e8 τὸ ἀκριβέστατον: superlative, subject
ἐκεῖνο...τὸν ἄρχοντα: *that one...
(namely) that the ruler...*
τυγχάνει ὄν: *happens to be*; neuter pple
εἰμί is a complementary pple
καθ' ὅσον: *insofar as*

341a1 μὴ ἁμαρτάνοντα: *and while not erring*
τὸ...βέλτιστον: *the best*; i.e. what is
advantageous
αὐτῷ: *for himself*; αὐτῷ, dat. interest

a2 τοῦτο...ποιητέον: *and this must be done*;
verbal adjective + missing εἰμί expresses
obligation, here with dat. of agent

a3 ἐξ ἀρχῆς: *from the beginning*
τὸ...ποιεῖν: *to do*; the article is part of the
articular infinitive, not συμφέρον

a5 Εἶεν: *well then*

a6 Πάνυ μὲν οὖν: *quite so indeed*; expresses
positive certainty

a6 Οἴει γάρ: *(you say that) for you think*; 2nd
sg. mid.

a8 ὡς ἡρόμην: *as I asked*; aor. ἔρομαι

a9 μὲν οὖν: *indeed*; again, positive certainty
σοι...ἔσται: *there will be...for you*; dat.
of possession, fut. εἰμί

b1 ἄν με λάθοις: *you could not escape my
notice*; potential opt. λανθάνω
μὴ λαθών: *(if) not escaping my notice*;
aor. pple λανθάνω conditional in sense

b2 βιάσασθαι: *overpower me with speech*
δύναιο: *would you be able*; δύναι(σ)ο,
2nd sg. pres. potential opt., supply ἄν

Οὐδέ γ᾽ ἂν ἐπιχειρήσαιμι, ἦν δ᾽ ἐγώ, ὦ μακάριε. ἀλλ᾽
ἵνα μὴ αὖθις ἡμῖν τοιοῦτον ἐγγένηται, διόρισαι ποτέρως
5 λέγεις τὸν ἄρχοντά τε καὶ τὸν κρείττονα, τὸν ὡς ἔπος εἰπεῖν
ἢ τὸν ἀκριβεῖ λόγῳ, ὃ νυνδὴ ἔλεγες, οὗ τὸ συμφέρον κρείτ-
τονος ὄντος δίκαιον ἔσται τῷ ἥττονι ποιεῖν.

Τὸν τῷ ἀκριβεστάτῳ, ἔφη, λόγῳ ἄρχοντα ὄντα. πρὸς
ταῦτα κακούργει καὶ συκοφάντει, εἴ τι δύνασαι—οὐδέν σου
10 παρίεμαι—ἀλλ᾽ οὐ μὴ οἷός τ᾽ ᾖς.

c   Οἴει γὰρ ἄν με, εἶπον, οὕτω μανῆναι ὥστε ξυρεῖν ἐπι-
χειρεῖν λέοντα καὶ συκοφαντεῖν Θρασύμαχον;

Νῦν γοῦν, ἔφη, ἐπεχείρησας, οὐδὲν ὢν καὶ ταῦτα.

Ἅδην, ἦν δ᾽ ἐγώ, τῶν τοιούτων. ἀλλ᾽ εἰπέ μοι· ὁ τῷ
5 ἀκριβεῖ λόγῳ ἰατρός, ὃν ἄρτι ἔλεγες, πότερον χρηματιστής
ἐστιν ἢ τῶν καμνόντων θεραπευτής; καὶ λέγε τὸν τῷ ὄντι
ἰατρὸν ὄντα.

Τῶν καμνόντων, ἔφη, θεραπευτής.

Τί δὲ κυβερνήτης; ὁ ὀρθῶς κυβερνήτης ναυτῶν ἄρχων
10 ἐστὶν ἢ ναύτης;

Ναυτῶν ἄρχων.

d   Οὐδὲν οἶμαι τοῦτο ὑπολογιστέον, ὅτι πλεῖ ἐν τῇ νηί, οὐδ᾽
ἐστὶν κλητέος ναύτης· οὐ γὰρ κατὰ τὸ πλεῖν κυβερνήτης
καλεῖται, ἀλλὰ κατὰ τὴν τέχνην καὶ τὴν τῶν ναυτῶν ἀρχήν.

Ἀληθῆ, ἔφη.

5   Οὐκοῦν ἑκάστῳ τούτων ἔστιν τι συμφέρον;

Πάνυ γε.

Οὐ καὶ ἡ τέχνη, ἦν δ᾽ ἐγώ, ἐπὶ τούτῳ πέφυκεν, ἐπὶ τῷ τὸ
συμφέρον ἑκάστῳ ζητεῖν τε καὶ ἐκπορίζειν;

Ἐπὶ τούτῳ, ἔφη.

10   Ἆρ᾽ οὖν καὶ ἑκάστῃ τῶν τεχνῶν ἔστιν τι συμφέρον ἄλλο
ἢ ὅτι μάλιστα τελέαν εἶναι;

e   Πῶς τοῦτο ἐρωτᾷς;

ἄδην: to one's fill, enough, 1
αὖθις: back again, later, 3
γοῦν: γε οὖν, at least, at any rate, any way, 3
δι-ορίζω: to define, separate, determine, 3
ἐγ-γίγνομαι: to happen in; be born in, 5
ἐκ-πορίζω: to provide, furnish; invent, 5
ἔπος, -εος, τό: a word, 1
ζητέω: to seek, look for, investigate, 5
θεραπευτής, ὁ: attendant, worshipper, 2
κακ-ουργέω: to do wrong, do mischief, 4

κλητέος, -α, -ον: to be called, be named, 1
λέων, λέοντος, ὁ: lion, 1
μαίνομαι: to be mad, rage, be furious, 3
ναύτης, -ου, ὁ: sailor, 8
ξυρέω: to shave, 1
παρα-ίημι: to let go; mid. ask to be let off, 1
συκο-φαντέω: to quibble, accuse falsely, 4
ὑπο-λογιστέον: one must take into account, 1
φύω: to bring forth, beget; am by nature, 3
χρηματιστής, ὁ: money-maker, 4

---

b3 ἐπιχειρήσαιμι: *I would try*; potential opt.
b4 ἵνα...ἐγγένηται: *so that such a thing may not arise among us*; purpose clause
διόρισαι: aor. mid. imperative
ποτέρως: *in which of two ways*; adv.
b5 τὸν ὡς ἔπος εἰπεῖν: *the (ruler) so to speak*; "so to speak a word,"
b6 τὸν ἀκριβεῖ λόγῳ: *the (ruler) in precise sense*; "in precise speech"
οὗ τὸ συμφέρον: *whose advantage*
κρείττονος ὄντος: modifies οὗ, pres. pple εἰμί and a predicate genitive
b7 δίκαιον ἔσται: 3rd sg. fut.. εἰμί
τῷ ἥττονι: *for a weaker*; dat. interest
ποιεῖν: explanatory inf. with δίκαιον
d8 Τὸν...ὄντα: *the (ruler) being*; acc. sg. pres. pple. εἰμί
τῷ ἀκριβεστάτῳ λόγῳ: *in the most precise sense*; superlative adj.
πρὸς ταῦτα: *against these (things)*
b9 κακούργει καὶ συκοφάντει: ε-contract imperatives: κακούργεε, συκοφάντεε
δύνασαι: 2nd sg. δύναμαι
οὐδέν σου παριέμαι: *I do not at all ask to be let off*; "be allowed to pass," 1st sg. pres. mid. παρίημι
b10 οὐ μὴ οἷός τ᾽ ᾖς: *you will not be able*; οὐ μὴ + pres. subj. εἰμί suggests a strong denial; εἰμί + οἷός τε is commonly translated as "to be able"
c1 οἴει, γὰρ: *What? Do you think...*; 2nd sg. mid. pres. οἴομαι, γάρ begins a question rhetorical and incredulous
μανῆναι: aor. inf. μαίνομαι
ὥστε: *so as to* + inf.; result clause
c3 Νῦν γοῦν: *just now*
οὐδὲν ὤν: *being worthless*; pple εἰμί

καὶ ταῦτα: *in respect to these things too*; acc. of respect, καί is adverbial
c5 ὅν: *whom*; acc. sg. relative pronoun
c6 τῶν καμνόντων: *for those being ill*; objective gen. pple
τὸν...ὄντα: *the one being a doctor*
τῷ ὄντι: *actually*; adverbial
c9 Τί δὲ: *What (about)*
ἄρχων: *ruler*; nom. sg. predicate
d1 οὐδέν...τοῦτο ὑπολογιστεον, ὅτι: *this is not at all to be taken into account, namely that*; verbal adj. + missing ἐστί expresses obligation
πλεῖ: 3rd sg. pres. πλέω
νηΐ: dat. sg.. ναῦς
d2 ἐστὶν κλητέος: *he should be called*; governs a pred. nom., cf. d1
κατὰ τὸ πλεῖν: *regarding sailing*
d3 κατα: *in regard to...*
d5 Οὐκοῦν: *Then,...not?*; inferential, begins question seeking a "yes" response
d7 Οὐ καὶ...πέφυκεν: *does not...in fact naturally exist...?*; pf. φύω
ἐπὶ τούτῳ: *on this condition (namely)*; a clarification is to follow
ἐπὶ τῷ..ζητεῖν...ἐκπορίζειν: *on seeking out and providing*; articular infinitives clarifying ἐπὶ τούτῳ above
d9 Ἐπὶ τούτῳ: repetition indicates assent
d10 ἑκάστῃ..ἐστιν: *each of the crafts has*; dat. of possession
d11 ὅτι μάλιστα: *as much as possible*
τελέαν: *perfect*; pred. adj.
e1 Πῶς...ἐρωτᾷς;: *What do you mean by this question?*; "In what way do you ask this?" ἐρωτάεις, 2nd sg. pres.

Ὥσπερ, ἔφην ἐγώ, εἴ με ἔροιο εἰ ἐξαρκεῖ σώματι εἶναι σώματι ἢ προσδεῖταί τινος, εἴποιμ᾽ ἂν ὅτι "παντάπασι μὲν οὖν προσδεῖται. διὰ ταῦτα καὶ ἡ τέχνη ἐστὶν ἡ ἰατρικὴ

5 νῦν ηὑρημένη, ὅτι σῶμά ἐστιν πονηρὸν καὶ οὐκ ἐξαρκεῖ αὐτῷ τοιούτῳ εἶναι. τούτῳ οὖν ὅπως ἐκπορίζῃ τὰ συμφέροντα, ἐπὶ τούτῳ παρεσκευάσθη ἡ τέχνη." ἢ ὀρθῶς σοι δοκῶ, ἔφην, ἂν εἰπεῖν οὕτω λέγων, ἢ οὔ;

Ὀρθῶς, ἔφη.

342 Τί δὲ δή; αὐτὴ ἡ ἰατρικὴ ἐστιν πονηρά, ἢ ἄλλη τις τέχνη ἔσθ᾽ ὅτι προσδεῖταί τινος ἀρετῆς—ὥσπερ ὀφθαλμοὶ ὄψεως καὶ ὦτα ἀκοῆς καὶ διὰ ταῦτα ἐπ᾽ αὐτοῖς δεῖ τινος τέχνης τῆς τὸ συμφέρον εἰς αὐτὰ ταῦτα σκεψομένης τε καὶ ἐκποριούσης—

5 ἆρα καὶ ἐν αὐτῇ τῇ τέχνῃ ἔνι τις πονηρία, καὶ δεῖ ἑκάστῃ τέχνῃ ἄλλης τέχνης ἥτις αὐτῇ τὸ συμφέρον σκέψεται, καὶ τῇ σκοπουμένῃ ἑτέρας αὖ τοιαύτης, καὶ τοῦτ᾽ ἔστιν ἀπέραντον;

b ἢ αὐτὴ αὑτῇ τὸ συμφέρον σκέψεται; ἢ οὔτε αὑτῆς οὔτε ἄλλης προσδεῖται ἐπὶ τὴν αὑτῆς πονηρίαν τὸ συμφέρον σκοπεῖν· οὔτε γὰρ πονηρία οὔτε ἁμαρτία οὐδεμία οὐδεμιᾷ τέχνῃ πάρεστιν, οὐδὲ προσήκει τέχνῃ ἄλλῳ τὸ συμφέρον ζητεῖν ἢ

5 ἐκείνῳ οὗ τέχνη ἐστίν, αὐτὴ δὲ ἀβλαβὴς καὶ ἀκέραιός ἐστιν ὀρθὴ οὖσα, ἕωσπερ ἂν ᾖ ἑκάστη ἀκριβὴς ὅλη ἥπερ ἐστίν; καὶ σκόπει ἐκείνῳ τῷ ἀκριβεῖ λόγῳ· οὕτως ἢ ἄλλως ἔχει;

Οὕτως, ἔφη, φαίνεται.

c Οὐκ ἄρα, ἦν δ᾽ ἐγώ, ἰατρικὴ ἰατρικῇ τὸ συμφέρον σκοπεῖ ἀλλὰ σώματι.

Ναί, ἔφη.

Οὐδὲ ἱππικὴ ἱππικῇ ἀλλ᾽ ἵπποις· οὐδὲ ἄλλη τέχνη

5 οὐδεμία ἑαυτῇ—οὐδὲ γὰρ προσδεῖται—ἀλλ᾽ ἐκείνῳ οὗ τέχνη ἐστίν.

ἀ-βλαβής, -ές: harmless, unhurt; unharmed, 1
ἁμαρτία, ἡ: mistake, failure, fault; guilt, 2
ἀ-κέραιος, -ον: unmixed, uncontaminated, 1
ἀκοή, ἡ: hearing, 1
ἀ-πέραντος, -ον: endless, boundless, 1
ἐκ-πορίζω: to provide, furnish; invent, 5
ἐξ-αρκέω: to be enough, suffice, 2
εὑρίσκω: to find, discover, devise, invent, 4
ἕως-περ: so long as; until, 1
ζητέω: to seek, look for, investigate, 5

ἱππικός, ὁ: a horse-trainer, 5
ὅλος, -η, -ον: whole, entire, complete, 3
οὖς, ὠτός, τό: ear, 3
ὀφθαλμός, ὁ: the eye, 4
ὄψις, -εως, ἡ: seeing, vision; appearance, 2
παρα-σκευάζω: to get ready, prepare, 3
πάρ-ειμι: to be near, be present, be at hand, 3
πονηρία, ἡ: badness, baseness, wickedness, 3
προσ-δέομαι: to need in addition (+ gen.) 5

---

e2 Ὥσπερ: *just as...*
ἔροιο, εἰ ποιμ᾽ ἄν: *if you should ask...I would say*; future less vivid condition, ἔροι(σ)ο; 2nd sg. pres. opt. ἔρομαι
ἐξαρκεῖ σώματι: *it is enough for the body*; dat. of interest
εἶναι σώματι: *to be the body*; the pred. is drawn into the dat. by the preceding dat.

e3 τινος: *of something*; obj. of προσδεῖται

e5 ἐστιν ηὑρημένη: *has been invented*; εἰμι + pf. pass. pple. is a periphrastic pf. pass.
πονηρὸν: *faulty, defective*

e6 τοιούτῳ εἶναι: see similar dat. in e2-3
τοῦτ᾽ ὅπως ἐκπορίζῃ: *so that it provide things advantageous to this (body)*; purpose clause with 3rd sg. subj. in secondary sequence, where we would expect the opt. mood

e7 ἐπὶ τούτῳ: *for this (purpose)*; repeat the purpose clause above
παρεσκευάσθη: 3rd sg. aor. pass.

e8 ἂν εἰπεῖν: *that I would speak...*; governed by δοκῶ , potential opt. in response to the future less vivid in e3

342a1 Τί δὲ δή: *Then what about (this)?*

a2 ἔσθ᾽ ὅτι: *is there any other art which needs some excellence*; ἔστιν ὅ τι
ὄψεως, ἀκοῆς, τινος τέχνης supply προσδεῖται for all three gen. objects

a3 ὦτα: *ears*; nom. pl. οὖς
διὰ ταῦτα: *for these reasons*; "on account of these things"
ἐπ᾽ αὐτοῖς: *over these things*; i.e. the eyes and ears
δεῖ: *there is need of*; + gen.

a4 τῆς...σκεψομένης...ἐκποριούσης: *to examine and provide advantage*; fut. pples here as often express purpose

εἰς αὐτὰ ταῦτα: *in respect to these things themselves*; i.e seeing ὄψεως and hearing ἀκοῆς from above

a5 ἔνι: *is in*; ἔν-εστι
δεῖ: *there is need of* (gen.) for (dat.)
ἥτις: *which...*;
αὐτῇ τὸ συμφέρον: *advantage for it*; note that the pronoun is not reflexive
σκέψεται: *will consider*; fut. deponent

a7 τῇ σκοπουμένῃ: *for the (art) considering (there is need of) another such (art) in turn*; supply δεῖ
ἀπέραντον: i.e. ad infinitum, an infinite regress of arts that examine other arts

b1 ἢ αὐτὴ...: *or will this (art) examine the advantage for itself*
αὐτῇ: *for itself*; ἑαυτῇ
ἤ: *or...?*
αὐτῆς...ἄλλης: both are gen. object of προσδεῖται; reflexive ἑαυτῆς

b2 ἐπὶ...πονηρίαν: *against its own deficiency*; antonym of συμφέρον

b3 οὔτε...οὐδεμία οὐδεμιᾷ: *neither...any ...any*
οὐδεμιᾷ τέχνῃ: present in any art; dat. with compound verb πάρεστιν

b4 προσήκει: *is it fitting for...?*; + dat.
ἢ ἐκείνῳ οὗ τέχνη ἐστίν: *advantageous (for anything other) than that (object) whose art it is*

b5 αὐτὴ δὲ: *but the art itself is*; subject

b6 οὖσα: *being*; fem. sg. nom. pple εἰμί
ἂν ᾖ ἑκάστη...ἐστίν: *as long as each (art, being) precise, is entirely what it is*; subj. εἰμί in a general temporal clause

b7 σκόπει: sg. imperative, σκόπε-ε
ἔχει: *is this so or otherwise?*; ἔχω + adv. is often "is disposed" or "is" + adj.

Φαίνεται, ἔφη, οὕτως.

Ἀλλὰ μήν, ὦ Θρασύμαχε, ἄρχουσί γε αἱ τέχναι καὶ κρατοῦσιν ἐκείνου οὗπέρ εἰσιν τέχναι.

10 Συνεχώρησεν ἐνταῦθα καὶ μάλα μόγις.

Οὐκ ἄρα ἐπιστήμη γε οὐδεμία τὸ τοῦ κρείττονος συμφέρον σκοπεῖ οὐδ᾿ ἐπιτάττει, ἀλλὰ τὸ τοῦ ἥττονός τε καὶ d ἀρχομένου ὑπὸ ἑαυτῆς.

Συνωμολόγησε μὲν καὶ ταῦτα τελευτῶν, ἐπεχείρει δὲ περὶ αὐτὰ μάχεσθαι· ἐπειδὴ δὲ ὡμολόγησεν, ἄλλο τι οὖν, ἦν δ᾿ ἐγώ, οὐδὲ ἰατρὸς οὐδείς, καθ᾿ ὅσον ἰατρός, τὸ τῷ ἰατρῷ 5 συμφέρον σκοπεῖ οὐδ᾿ ἐπιτάττει, ἀλλὰ τὸ τῷ κάμνοντι; ὡμολόγηται γὰρ ὁ ἀκριβὴς ἰατρὸς σωμάτων εἶναι ἄρχων ἀλλ᾿ οὐ χρηματιστής. ἢ οὐχ ὡμολόγηται;

Συνέφη.

Οὐκοῦν καὶ ὁ κυβερνήτης ὁ ἀκριβὴς ναυτῶν εἶναι ἄρχων 10 ἀλλ᾿ οὐ ναύτης;

e Ὡμολόγηται.

Οὐκ ἄρα ὅ γε τοιοῦτος κυβερνήτης τε καὶ ἄρχων τὸ τῷ κυβερνήτῃ συμφέρον σκέψεταί τε καὶ προστάξει, ἀλλὰ τὸ τῷ ναύτῃ τε καὶ ἀρχομένῳ.

5 Συνέφησε μόγις.

Οὐκοῦν, ἦν δ᾿ ἐγώ, ὦ Θρασύμαχε, οὐδὲ ἄλλος οὐδεὶς ἐν οὐδεμιᾷ ἀρχῇ, καθ᾿ ὅσον ἄρχων ἐστίν, τὸ αὑτῷ συμφέρον σκοπεῖ οὐδ᾿ ἐπιτάττει, ἀλλὰ τὸ τῷ ἀρχομένῳ καὶ ᾧ ἂν αὐτὸς δημιουργῇ, καὶ πρὸς ἐκεῖνο βλέπων καὶ τὸ ἐκείνῳ 10 συμφέρον καὶ πρέπον, καὶ λέγει ἃ λέγει καὶ ποιεῖ ἃ ποιεῖ ἅπαντα.

343 Ἐπειδὴ οὖν ἐνταῦθα ἦμεν τοῦ λόγου καὶ πᾶσι καταφανὲς ἦν ὅτι ὁ τοῦ δικαίου λόγος εἰς τοὐναντίον περιειστήκει, ὁ Θρασύμαχος ἀντὶ τοῦ ἀποκρίνεσθαι, εἰπέ μοι, ἔφη, ὦ Σώκρατες, τίτθη σοι ἔστιν;

ἀντί: instead of, in place of (+ gen.), 5
ἅπας, ἅπασα, ἅπαν: every, quite all, 3
βλέπω: to see, look, 3
δημιουργέω: practice a craft, be a craftsman, 2
ἐν-ταῦθα: here, hither, there, thither, then, 5
ἐπι-στήμη, ἡ: knowledge, understanding, 3
κατα-φανής, -ές: obvious, evident, plain, 2
κρατέω: to rule; control, overcome (gen.) 3
μάλα: very, very much, exceedingly, 5
μάχομαι: to fight, contend, quarrel, dispute, 3

μόγις: with difficulty, reluctantly, scarcely, 4
ναύτης, -ου, ὁ: sailor, 8
περι-ίστημι: to place, set or bring around, 1
πρέπω: to fit, suit; be fitting, be suitable, 2
σύμ-φημι: to assent, approve, 3
συν-ομο-λογέω: to agree with, speak alike, 1
τελευτάω: to end, complete, finish; die, 3
τίτθη, ἡ: wet-nurse, nurse, 1
χρηματιστής, ὁ: money-maker, 4

---

c8 Ἀλλὰ μήν: *but surely*; a transition to another premise in the argument
ἄρχουσι γε: *the arts rule*; γε emphasizes the role of the verb in the new premise of the argument
c9 οὗπερ: *of which very thing*; relative pronoun
εἰσιν: 3rd pl. pres. εἰμί
Συνεχώρησεν: aor. συγ-χωρέω
c10 καὶ μάλα μόγις: *and with very great difficult*
c11 ἄρα: *accordingly*; inferential, marking the conclusion of an argument, cf. e2
ἐπιστήμη: *(type of) knowledge*; here a synonym for τέχνη
c12 τὸ...ἀρχουμένου: *the (advantage) of both the weaker and the ruled*
d1 ὑπὸ ἑαυτῆς: *by it*; "by itself," gen. agent
d2 καὶ ταῦτα: *these things also*; adverbial
τελευτῶν: *finally*; "finishing," nom. pple.
d3 Ἄλλο τι: *is it not....?*; "(is it) anything else (than)" used as an interrogative
d4 οὐδὲ...οὐδείς...οὐδ᾽: *neither...any...nor*
καθ᾽ ὅσον: *inasmuch as (he is) a doctor*
d5 τὸ τῷ κάμνοντι: *that (advantage) for the one being ill*; dat. sg. pple κάμνω
d6 ὡμολόγηται: *it has been agreed*; pf.
d9 Οὐκοῦν: *Then,...not?*; inferential, begins question seeking a "yes" response

e2 ἄρα: *accordingly*; inferential, marking the conclusion of an argument, cf. c11
e3 σκέψεται...προστάξει: fut. tense
e6 Οὐκοῦν: *and so*; inferential, but not opening a question seeking a "yes" reply
οὐδὲ...οὐδείς...οὐδὲ: *neither...any...nor*
e7 ἐν οὐδεμιᾷ ἀρχῇ: *in any rule*
καθ᾽ ὅσον: *inasmuch as, insofar as*
αὐτῷ: *for himself*; ἑαυτῷ, adverbial
e8 τὸ τῷ...ῷ...δημιουργῇ: *the (advantage) for the one ruled and for whom he himself practices his craft*; dat. interest is one and same person as τῷ ἀρχόμενῳ; 3rd sg. pres. subj., clause of characteristic
e9 πρὸς ἐκεῖνο βλέπων: *looking to that (purpose)*; "looking at that," pple
τὸ...πρέπον: *what is advantageous and suitable for that one*; neut. sg. pples
343a1 ἐνταῦθα...τοῦ λόγου: *at this point of the discussion*; partitive gen.
a2 ἦν: *(it) was*; 3rd sg. impf. εἰμί
ὁ τοῦ δικαίου λόγος: *the account of justice*
τοὐναντίον: *the opposite*; τὸ ἐναντίον
περιειστήκει: 3rd sg. plpf. περι-ίστημι
a3 τοῦ ἀποκρίνεσθαι: *of replying*; articular infinitive, object of ἀντί
a4 σοι ἔστιν: *do you have*; "is there to you," dat. possession

5 Τί δέ; ἦν δ᾽ ἐγώ· οὐκ ἀποκρίνεσθαι χρῆν μᾶλλον ἢ τοιαῦτα ἐρωτᾶν;

Ὅτι τοί σε, ἔφη, κορυζῶντα περιορᾷ καὶ οὐκ ἀπομύττει δεόμενον, ὅς γε αὐτῇ οὐδὲ πρόβατα οὐδὲ ποιμένα γιγνώσκεις.

10 Ὅτι δὴ τί μάλιστα; ἦν δ᾽ ἐγώ.

b Ὅτι οἴει τοὺς ποιμένας ἢ τοὺς βουκόλους τὸ τῶν προβάτων ἢ τὸ τῶν βοῶν ἀγαθὸν σκοπεῖν καὶ παχύνειν αὐτοὺς καὶ θεραπεύειν πρὸς ἄλλο τι βλέποντας ἢ τὸ τῶν δεσποτῶν ἀγαθὸν καὶ τὸ αὑτῶν, καὶ δὴ καὶ τοὺς ἐν ταῖς πόλεσιν 5 ἄρχοντας, οἳ ὡς ἀληθῶς ἄρχουσιν, ἄλλως πως ἡγῇ διανοεῖσθαι πρὸς τοὺς ἀρχομένους ἢ ὥσπερ ἄν τις πρὸς πρόβατα διατεθείη, καὶ ἄλλο τι σκοπεῖν αὐτοὺς διὰ νυκτὸς καὶ ἡμέρας ἢ τοῦτο, c ὅθεν αὐτοὶ ὠφελήσονται. καὶ οὕτω πόρρω εἶ περί τε τοῦ δικαίου καὶ δικαιοσύνης καὶ ἀδίκου τε καὶ ἀδικίας, ὥστε ἀγνοεῖς ὅτι ἡ μὲν δικαιοσύνη καὶ τὸ δίκαιον ἀλλότριον ἀγαθὸν τῷ ὄντι, τοῦ κρείττονός τε καὶ ἄρχοντος συμφέρον, οἰκεία δὲ 5 τοῦ πειθομένου τε καὶ ὑπηρετοῦντος βλάβη, ἡ δὲ ἀδικία τοὐναντίον, καὶ ἄρχει τῶν ὡς ἀληθῶς εὐηθικῶν τε καὶ δικαίων, οἱ δ᾽ ἀρχόμενοι ποιοῦσιν τὸ ἐκείνου συμφέρον κρείττονος ὄντος, καὶ εὐδαίμονα ἐκεῖνον ποιοῦσιν ὑπηρε- d τοῦντες αὐτῷ, ἑαυτοὺς δὲ οὐδ᾽ ὁπωστιοῦν. σκοπεῖσθαι δέ, ὦ εὐηθέστατε Σώκρατες, οὑτωσὶ χρή, ὅτι δίκαιος ἀνὴρ ἀδίκου πανταχοῦ ἔλαττον ἔχει. πρῶτον μὲν ἐν τοῖς πρὸς ἀλλήλους συμβολαίοις, ὅπου ἂν ὁ τοιοῦτος τῷ τοιούτῳ κοινωνήσῃ, 5 οὐδαμοῦ ἂν εὕροις ἐν τῇ διαλύσει τῆς κοινωνίας πλέον ἔχοντα τὸν δίκαιον τοῦ ἀδίκου ἀλλ᾽ ἔλαττον· ἔπειτα ἐν τοῖς πρὸς τὴν πόλιν, ὅταν τέ τινες εἰσφοραὶ ὦσιν, ὁ μὲν δίκαιος ἀπὸ τῶν ἴσων πλέον εἰσφέρει, ὁ δ᾽ ἔλαττον, ὅταν τε λήψεις, e ὁ μὲν οὐδέν, ὁ δὲ πολλὰ κερδαίνει. καὶ γὰρ ὅταν ἀρχήν

ἀλλότριος, -α, -ον: another's, alien, foreign, 3
ἀπ-ομύττω: to wipe (off), 1
βλάβη, ἡ: hurt, harm, damage, 4
βλέπω: to see, look, 3
βοάω: to cry aloud, to shout, 1
βουκόλος, ὁ: herdsman, cowherd, 1
γιγνώσκω: to come to know, learn, realize, 5
δεσπότης, ὁ: master, lord, 3
διά-λυσις, ἡ: dissolution, separating, parting 1
δια-νοέομαι: to think, consider, intend, 4
δια-τίθημι: treat, handle; *pass.* be disposed 1
εἰσ-φέρω: to contribute; bring in, introduce, 2
εἰσ-φορά, ἡ: tax, contribution; gathering, 1
ἐλάττων, -ον: smaller, fewer, 5
εὐ-ήθης, -ες: naïve, innocent, good-natured, 2
εὐ-ηθίζομαι: to play the fool, be naïve 2
εὐ-ηθικός, -ή, -όν: naïve, good-natured, 1
εὑρίσκω: to find, discover, devise, invent, 4
ἡμέρα, ἡ: day, 1
θεραπεύω: to attend to, care for, serve, 2
κερδαίνω: to profit, gain advantage, 1

κοινωνέω: have a share in, be partner with, 2
κοινωνία, ἡ: partnership, association, 2
κορυζάω: to snivel, have a runny nose, 1
λῆψις, ἡ: receiving, acceptance, 3
νύξ, νυκτός, ἡ: a night, 1
ὅ-θεν: from where, from which, 2
ὅπου: where, 3
ὁπωστιοῦν: in any way whatever, 2
οὐδαμοῦ: nowhere, 2
οὑτωσί: in this way, thus, so, 2
παντα-χου: everywhere, in all places, 2
παχύνω: to thicken, fatten, 1
περί-ειμι: to surpass, excel, be superior, 1
περι-οράω: to look over, overlook, 1
πλέων, -ον: more, greater, 14
ποιμήν, -ενος ὁ: herdsman, shepherd, 5
πόρρω: forwards, further, far off, (too) far, 1
πρό-βατα, τά: cattle, flocks, herd, 5
συμ-βόλαιον, τό: contract; token, marker, 3
ὑπ-ηρετέω: to serve, minister, 3

---

a5 Τί δέ;: *What?*; or "Why?" expressing surprise and introducing another question
οὐκ...χρῆν: *is it not proper to...*; "was it not proper," impf. χρή, refers to the pres. but suggests the obligation is unfulfilled

a6 ἐρωτᾶν: inf. ἐρωτάω

a7 Ὅτι τοί: *because, ya know*; τοι
κορυζῶντα: *snivelling*; "snotty"
περιορᾷ: *she overlooks*; the nurse is the subject of this and the following verb

a8 δεόμενον: *(you) though needing (it)*; the antecedent is missing, pple is concessive
ὅς γε: *since...*; γε is causal in force
αὐτῇ: *for her*; i.e. at her request

a9 γιγνώσκεις: *you distinguish*

a10 Ὅτι δή τί μάλιστα: *precisely because of what in particular?*

b1 ὅτι οἴει: *because you think*; 2nd sg. pres. mid. οἴομαι

b2 σκοπεῖν: "watch over" not "consider"

b3 πρὸς ἄλλο τι...ἤ: *to any other (purpose) than...*;

b4 τὸ αὐτῶν: *that of themselves*; ἑαυτῶν, reflexive
καὶ δὴ καί: *and in particular*; "and indeed also," second καί is adverbial
πόλεσιν: *cities*; dat. pl. πόλις

b5 ὡς ἀληθῶς: *truly*; i.e. the tyrants, kings

ἄλλως πως...ἤ: *somehow otherwise than*; i.e. somewhat differently than
ἡγῇ: *you believe*; ἡγέ(σ)αι, 2nd sg. pres. mid. ἡγέομαι

b6 πρὸς: *with regard to...*; + acc.
ἄν...διατεθείη: *would be disposed*; aor. pass. potential opt. διατίθημι

b7 σκοπεῖν: *they consider*; αὐτούς, the shepherds, is the acc. subject
ἄλλο τι...ἤ: *something other than*

c1 ὠφελήσονται: future mid.
οὕτω πόρρω: *so far out*; i.e. mistaken
εἶ: 2nd sg. pres. εἰμί
τοῦ δικαίου...ἀδίκου: *the just....the unjust*; substantives

c4 τῷ ὄντι: *actually, really*; dat. pple εἰμί
συμφέρον: in apposition to ἀγαθόν

c5 οἰκεία...βλάβη: *private harm*; appositive

c6 τοὐναντίον: *(is) the opposite*; add verb

d2 εὐηθέστατε: superlative adj., vocative
οὑτωσί: *in this here way*; deictic iota
ἀδίκου: *than the unjust*; gen. comparison

d4 ἄν...κοινωνήσῃ: *is partner with*; + dat.

d5 ἂν εὕροις: *you would find*; potential aor.

d6 τοῦ ἀδίκου: *than...*; gen. comparison
ἐν τοῖς πρὸς: *in (matters) regarding*

d8 ἀπὸ τῶ ἴσων: *from equal (estates)*
λήψεις: *(there are) redistributions*

τινα ἄρχῃ ἑκάτερος, τῷ μὲν δικαίῳ ὑπάρχει, καὶ εἰ μηδεμία
ἄλλη ζημία, τά γε οἰκεῖα δι᾽ ἀμέλειαν μοχθηροτέρως ἔχειν,
ἐκ δὲ τοῦ δημοσίου μηδὲν ὠφελεῖσθαι διὰ τὸ δίκαιον εἶναι,
πρὸς δὲ τούτοις ἀπεχθέσθαι τοῖς τε οἰκείοις καὶ τοῖς γνωρί-
μοις, ὅταν μηδὲν ἐθέλῃ αὐτοῖς ὑπηρετεῖν παρὰ τὸ δίκαιον·
τῷ δὲ ἀδίκῳ πάντα τούτων τἀναντία ὑπάρχει. λέγω γὰρ
344 ὅνπερ νυνδὴ ἔλεγον, τὸν μεγάλα δυνάμενον πλεονεκτεῖν·
τοῦτον οὖν σκόπει, εἴπερ βούλει κρίνειν ὅσῳ μᾶλλον
συμφέρει ἰδίᾳ αὐτῷ ἄδικον εἶναι ἢ τὸ δίκαιον. πάντων
δὲ ῥᾷστα μαθήσῃ, ἐὰν ἐπὶ τὴν τελεωτάτην ἀδικίαν ἔλθῃς, ἣ
τὸν μὲν ἀδικήσαντα εὐδαιμονέστατον ποιεῖ, τοὺς δὲ ἀδικη-
θέντας καὶ ἀδικῆσαι οὐκ ἂν ἐθέλοντας ἀθλιωτάτους. ἔστιν δὲ
τοῦτο τυραννίς, ἣ οὐ κατὰ σμικρὸν τἀλλότρια καὶ λάθρᾳ καὶ
βίᾳ ἀφαιρεῖται, καὶ ἱερὰ καὶ ὅσια καὶ ἴδια καὶ δημόσια, ἀλλὰ
b συλλήβδην· ὧν ἐφ᾽ ἑκάστῳ μέρει ὅταν τις ἀδικήσας μὴ
λάθῃ, ζημιοῦταί τε καὶ ὀνείδη ἔχει τὰ μέγιστα—καὶ γὰρ
ἱερόσυλοι καὶ ἀνδραποδισταὶ καὶ τοιχωρύχοι καὶ ἀποστερηταὶ
καὶ κλέπται οἱ κατὰ μέρη ἀδικοῦντες τῶν τοιούτων κακουρ-
γημάτων καλοῦνται—ἐπειδὰν δέ τις πρὸς τοῖς τῶν πολιτῶν
χρήμασιν καὶ αὐτοὺς ἀνδραποδισάμενος δουλώσηται, ἀντὶ
τούτων τῶν αἰσχρῶν ὀνομάτων εὐδαίμονες καὶ μακάριοι
c κέκληνται, οὐ μόνον ὑπὸ τῶν πολιτῶν ἀλλὰ καὶ ὑπὸ τῶν
ἄλλων ὅσοι ἂν πύθωνται αὐτὸν τὴν ὅλην ἀδικίαν ἠδικηκότα·
οὐ γὰρ τὸ ποιεῖν τὰ ἄδικα ἀλλὰ τὸ πάσχειν φοβούμενοι
ὀνειδίζουσιν οἱ ὀνειδίζοντες τὴν ἀδικίαν. οὕτως, ὦ Σώκρατες,
καὶ ἰσχυρότερον καὶ ἐλευθεριώτερον καὶ δεσποτικώτερον ἀδι-
κία δικαιοσύνης ἐστὶν ἱκανῶς γιγνομένη, καὶ ὅπερ ἐξ ἀρχῆς
ἔλεγον, τὸ μὲν τοῦ κρείττονος συμφέρον τὸ δίκαιον τυγχάνει
ὄν, τὸ δ᾽ ἄδικον ἑαυτῷ λυσιτελοῦν τε καὶ συμφέρον.
d Ταῦτα εἰπὼν ὁ Θρασύμαχος ἐν νῷ εἶχεν ἀπιέναι, ὥσπερ

ἄθλιος, -α, -ον: miserable, wretched, 3
αἰσχρός, -ά, -όν: shameful, disgraceful, 3
ἀλλότριος, -α, -ον: another's, alien, foreign, 3
ἀ-μέλεια, ἡ: negligence, indifference, 1
ἀνδρα-ποδίζω: to kidnap, enslave 1
ἀνδρα-ποδιστής, ὁ: kidnapper; slave-dealer, 1
ἀντί: instead of, in place of (+ gen.), 5
ἀπ-έρχομαι: to go away, depart, 5
ἀπ-έχθομαι: to be hated, incur hatred, 1
ἀπο-στερητής, ὁ: robber, depriver, 1
ἀφ-αιρέω: to take away from, 1
βία, βιας, ἡ: bodily strength, force, might, 1
γνώριμος, -ον: familiar; subs. acquaintance, 1
δεσποτικός, -ή, -όν: despotic, of a sovereign 1
δημόσιος, -α, -ον: public, of the people, 2
δουλόω: to enslave, make a slave, 3
εἴπερ: if really, if in fact (to imply doubt), 5
ἐλεύθερios, -α, -ον: of a free person, frank, 1
ζημία, ἡ: loss, damage; penalty, 5
ζημιόω: to fine, penalize 1
ἱερός, -ή, -όν: holy, divine, 3
ἱερό-συλος, ὁ: temple-robber, 1
ἱκανός, -ή, -όν: enough, sufficient; capable, 4

ἰσχυρός, -ά, -όν: strong, powerful; severe, 5
κακούργημα, ατος τό: wrongdoing, injustice2
κλέπτης, ὁ: a thief, robber, 4
κρίνω: to pick out, choose, 1
λάθρα: secretly, covertly, by stealth, 2
μέρος, -εος, τό: a part, share, portion, 5
μοχθηρός, -ή, -όν: worthless, wretched, 1
νοῦς, ὁ: mind, intention, attention, thought, 3
ὀνειδίζω: to object, reproach, rebuke, 2
ὄνειδος, τό: reproach, censure, rebuke, 2
ὅλος, -η, -ον: whole, entire, complete, 3
ὄνομα, -ατος, τό: name, 1
ὅσιος, -α, -ον: hallowed, sacred, ordained, 2
πολίτης, ὁ: citizen, 2
πυνθάνομαι: to learn by inquiry or hearsay, 5
σμικρός, -ά, -όν: small, little, 3
συλλήβδην: collectively, in sum, in short, 2
τοιχ-ωρύχος, ὁ: burgler, wall-digger, 1
τυραννίς, -ίδος, ἡ: absolute power, tyranny, 2
ὑπ-άρχω: be there, be available, be possible 3
ὑπ-ηρετέω: to serve, minister, 3
φοβέω: to put to flight, terrify, frighten, 2

e2 ἀρχήν....ἄρχῃ: *holds office*; 3rd sg. subj.
τῷ...ὑπάρχει...ἔχειν: *it is possible for the just (man) that, even if (there is) no other loss, his own (affairs) are worse off through neglect*; acc. subject + inf.; ἔχω ...+ adv. (here, comparative) is translated "are disposed" + adv. or "to be" + adj.
e4 τοῦ δημοσίου: *from the public*; i.e. state
διὰ τὸ..εἶναι: *on account of being*; art. inf
e5 πρὸς τούτοις: *in addition to these things*
ἀπεχθέσθαι: *he incurs the hatred of*; dat.
οἰκείοις: *relatives*; here, a substantive
e6 μηδὲν: *not at all*
ἐθέλῃ: 3rd sg. pres. subj. ἐθέλω in a present general condition
παρὰ τὸ δίκαιον: *contrary to the just*
e7 τῷ δὲ ἀδίκῳ: *whereas for the unjust*;
τἀναντία: *the opposite things*; subject
λέγω γὰρ: *for I mean*...
344a1 τὸ...δυνάμενον πλεονεκτεῖν: *the one able to gain great advantage*; inner acc., see p. 71 for the meaning of πλεονεκτεῖν
a2 σκόπει: σκόπεε, sg. imperative
βούλει: 2nd sg. pres. βούλομαι
ὅσῳ: *by how much*; dat. degree of diff.
a3 ἰδίᾳ: *personally*; "in private," adverbial

αὐτῷ: *for him*; ἑαυτῷ
πάντων: *of all*; partitive gen.
a4 ῥᾷστα: *most easily*; superlative adv.
μαθήσῃ: 2nd sg. fut. mid. μανθάνω
ἔλθῃς: 2nd sg. aor. subj. ἔρχομαι
a5 ποιεῖ: *makes (x) (y)*; double accusative
ἀδικηθέντας: *those wronged*; aor. pass.
a6 ἀδικῆσαι...ἐθέλοντας: *(who) would not be willing to wrong the most wretched*; pple as an impf of unrealized potential
a7 οὐ κατὰ σμικρὸν: *not little by little*...
a8 βίᾳ: *by force*; dat. of manner
b1 ὧν ἐφ'..μέρει: *in each part of which (evil)*
μὴ λάθῃ: *does not escape notice*; aor. subj
b2 ὀνείδη...μέγιστα: *greatest reproaches*
b4 κατὰ μέρη: *through forms of wrongdoing*
b5 καλοῦνται: *are called*; + predicate nom.
πρὸς..χρήμασιν: *in addition to the goods*
ἀντὶ...: *instead of shameful names*
c1 κέκληνται: *are called*; pf. pass. καλέω
οὐ μόνον ὑπὸ: *not only by*...; gen. agent
c2 πύθωνται: *learn by hearsay*; aor. subj.
ἠδικηκότα: *having committed*; pf. pple
c6 δικαιοσύνης: *than justice*; comparison
ἱκανῶς...: *becoming sufficiently (large)*
d1 ἐν νῷ εἶχεν: *had in mind to go away*

βαλανεὺς ἡμῶν καταντλήσας κατὰ τῶν ὤτων ἀθρόον καὶ
πολὺν τὸν λόγον· οὐ μὴν εἴασάν γε αὐτὸν οἱ παρόντες,
ἀλλ' ἠνάγκασαν ὑπομεῖναί τε καὶ παρασχεῖν τῶν εἰρημένων
5 λόγον. καὶ δὴ ἔγωγε καὶ αὐτὸς πάνυ ἐδεόμην τε καὶ εἶπον·
ὦ δαιμόνιε Θρασύμαχε, οἷον ἐμβαλὼν λόγον ἐν νῷ ἔχεις
ἀπιέναι πρὶν διδάξαι ἱκανῶς ἢ μαθεῖν εἴτε οὕτως εἴτε ἄλλως
e ἔχει; ἢ σμικρὸν οἴει ἐπιχειρεῖν πρᾶγμα διορίζεσθαι ὅλου
βίου διαγωγήν, ᾗ ἂν διαγόμενος ἕκαστος ἡμῶν λυσιτελε-
στάτην ζωὴν ζῴη;

Ἐγὼ γὰρ οἶμαι, ἔφη ὁ Θρασύμαχος, τουτὶ ἄλλως ἔχειν;

5 Ἔοικας, ἦν δ' ἐγώ—ἤτοι ἡμῶν γε οὐδὲν κήδεσθαι, οὐδέ
τι φροντίζειν εἴτε χεῖρον εἴτε βέλτιον βιωσόμεθα ἀγνοοῦντες
ὃ σὺ φῂς εἰδέναι. ἀλλ', ὠγαθέ, προθυμοῦ καὶ ἡμῖν ἐνδεί-
345 ξασθαι—οὔτοι κακῶς σοι κείσεται ὅτι ἂν ἡμᾶς τοσούσδε
ὄντας εὐεργετήσῃς—ἐγὼ γὰρ δή σοι λέγω τό γ' ἐμόν, ὅτι οὐ
πείθομαι οὐδ' οἶμαι ἀδικίαν δικαιοσύνης κερδαλεώτερον
εἶναι, οὐδ' ἐὰν ἐᾷ τις αὐτὴν καὶ μὴ διακωλύῃ πράττειν ἃ
5 βούλεται. ἀλλ', ὠγαθέ, ἔστω μὲν ἄδικος, δυνάσθω δὲ
ἀδικεῖν ἢ τῷ λανθάνειν ἢ τῷ διαμάχεσθαι, ὅμως ἐμέ γε οὐ
πείθει ὡς ἔστι τῆς δικαιοσύνης κερδαλεώτερον. ταῦτ' οὖν
b καὶ ἕτερος ἴσως τις ἡμῶν πέπονθεν, οὐ μόνος ἐγώ· πεῖσον
οὖν, ὦ μακάριε, ἱκανῶς ἡμᾶς ὅτι οὐκ ὀρθῶς βουλευόμεθα
δικαιοσύνην ἀδικίας περὶ πλείονος ποιούμενοι.

Καὶ πῶς, ἔφη, σὲ πείσω; εἰ γὰρ οἷς νυνδὴ ἔλεγον μὴ
5 πέπεισαι, τί σοι ἔτι ποιήσω; ἢ εἰς τὴν ψυχὴν φέρων ἐνθῶ
τὸν λόγον;

Μὰ Δί', ἦν δ' ἐγώ, μὴ σύ γε· ἀλλὰ πρῶτον μέν, ἃ ἂν
εἴπῃς, ἔμμενε τούτοις, ἢ ἐὰν μετατιθῇ, φανερῶς μετατίθεσο
καὶ ἡμᾶς μὴ ἐξαπάτα. νῦν δὲ ὁρᾷς, ὦ Θρασύμαχε—ἔτι
c γὰρ τὰ ἔμπροσθεν ἐπισκεψώμεθα—ὅτι τὸν ὡς ἀληθῶς ἰατρὸν
τὸ πρῶτον ὁριζόμενος τὸν ὡς ἀληθῶς ποιμένα οὐκέτι ᾤου

ἀθρόος, -α, -ον: crowded, close-packed, 1
ἀναγκάζω: to force, compel, require, 1
ἀπ-έρχομαι: to go away, depart, 5
βαλανεύς, -έως, ὁ: bath-attendant, 1
βουλεύω: to deliberate, plan, take counsel, 2
δαιμόνιος, -α, -ον: god-touched, god-sent, 1
δι-άγω: to pass time, continue, go through, 2
δι-αγωγή, ἡ: way of life, course of life, 1
δια-κωλύω: to hinder, prevent, 2
δια-μάχομαι: to fight, strive, contend, 1
διδάσκω: to teach, instruct, 3
δι-ορίζω: to define, separate, determine, 3
ἐμ-βάλλω: to throw in, cast in, put in, 1
ἐμ-μένω: to abide in, remain, 1
ἐμ-πίπτω: to fall in, fall upon; attack, 1
ἔμ-προσθεν: before, previously; earlier, 3
ἐν-δείκνυμι: to point out, mark, show, 1
ἐν-τίθημι: to put in or into, inspire, 1
ἐξ-απατάω: to deceive, beguile, 2
ἐπι-σκοπέω: to examine, inspect, 1
εὐ-εργετέω: to do well, treat well, 1
ἤτοι: or; now surely, truly, 2
ζωή, ἡ: life, living, 2
ἱκανός, -ή, -όν: enough, sufficient; capable, 4
κατ-αντλέω: to pour over, 1

κεῖμαι: to lie down, 4
κερδαλέος, -η, -ον: profitable; gainful, crafty 3
κήδομαι: to be troubled, be distressed, 1
μά: by, in affirmation, 5
μετα-τίθημι: to transpose, change, alter, 4
νοῦς, ὁ: mind, intention, attention, thought, 3
ὅλος, -η, -ον: whole, entire, complete, 3
ὅμως: nevertheless, however, yet, 3
ὁράω: to see, look, behold, 5
ὁρίζω: to define, mark out, limit, 1
οὐκ-έτι: no more, no longer, no further, 4
οὖς, ωτός, τό: ear, 3
οὔ-τοι: certainly not, surely not, 1
πάρ-ειμι: to be near, be present, be at hand, 3
παρ-έχω: to provide, furnish, supply, 3
ποιμήν, -ενος ὁ: herdsman, shepherd, 5
πρᾶγμα, τό: deed, act; matter, affair, 5
πρίν: until, before, 3
προ-θυμέομαι: to be eager, ready, willing, 1
σμικρός, -ά, -όν: small, little, 3
τοσόσδε, -ήδε, -όνδε: so great, much, many 3
ὑπο-μένω: to stay behind, stay firm; submit, 1
φανερός, -ά, -όν: visible, manifest, evident, 3
φροντίζω: to think, worry, give heed to, 1
χείρων, -ον: worse, more severe, inferior, 5

---

d2 κατὰ ὤτων: *having poured over the ears*
d3 εἴασαν: 3rd pl. aor. ἐάω
οἱ παρόντες: *those standing nearby*
d4 ὑπομεῖναι: aor. inf. ὑπομένω
παρασχεῖν: aor. inf. παρέχω
εἰρημένων λόγον: *an account of the things said*; pf. pple λέγω (stem −ερ)
d5 καὶ δὴ ἔγωγε καὶ: *I myself in particular*
d6 δαιμόνιε: *god-touched*; expresses dismay
οἷον…λόγον: *hurling such a speech…*
ἐμβαλὼν: aor. pple ἐμβάλλω
ἐν νῷ ἔχεις: *you have in mind*; dat. νοῦς
d7 ἀπιέναι: inf. ἀπ-ερχομαι
πρὶν: *before*; + inf.
διδάξαι, μαθεῖν: aor. inf. μανθάνω
εἴτε…εἴτε: *whether…or*
e1 ἔχει: *it is (disposed)*; ἔχω. + adverb
σμικρον…πρᾶγμα: *(that it is) a small matter to try…*; acc. subj., supply εἶναι
οἴει: 2nd sg. pres. mid. οἴομαι
e2 ᾗ…διαγόμενος: *living in which (manner)*
ἄν…ζωή: *would live a…life*; opt. ζάω
e4 ἐγὼ γάρ…: *Why? Do I think that this is otherwise?*; τουτὶ is a deictic acc. τοῦτο

e5 οὐδὲν κήδεσθαι: *to care not at all*; + gen.
e6 εἴτε…βέλτιον: *whether worse or better*
e7 εἰδέναι: *to know*; inf. οἶδα
ὠγαθέ: *good man*; ὦ ἀγαθέ, vocative
προθυμοῦ: mid. imperative προθυμέομαι
345a1 οὗτοι: *not indeed*; οὔ-τοι
κακῶς σοι κείσεται: *will poorly be deposited for you*; i.e. "invested," κεῖμαι
ὅ τι…εὐεργετήσῃς: *what benefit you give*
τοσόσδε ὄντας: *being so many here*
a2 τό γ᾽ ἐμόν, ὅτι: *my own (opinion), that…*
a3 δικαιοσύνης: *than…*; gen. comparison
a4 ἐᾷ: *even if one allows*; pres. subj. ἐάω
a5 ἔστω: *let him be…let*; 3rd sg. imper. εἰμί
a6 ἢ τῷ: *either by evading notice…*; art. inf.
a7 δικαιοσύνης: *than…*; gen. comparison
b1 πέπονθεν: *has experienced*; πάσχω
πεῖσον: aor. imperative πείθω
b3 περὶ…: *considering of greater value than*
b4 πείσω: *am I to…?*; aor. deliberative subj.
b5 πέπεισαι: 2nd sg. perfect pass. πείθω
ἐνθῶ: *am I to cram*; deliber. aor ἐντίθημι
b8 μετατίθεσο: *change*; mid. imperative
c2 ᾤου: 2nd sg. impf. οἴομαι

δεῖν ὕστερον ἀκριβῶς φυλάξαι, ἀλλὰ πιαίνειν οἴει αὐτὸν τὰ
πρόβατα, καθ' ὅσον ποιμήν ἐστιν, οὐ πρὸς τὸ τῶν προ-
βάτων βέλτιστον βλέποντα ἀλλ', ὥσπερ δαιτυμόνα τινὰ καὶ
μέλλοντα ἑστιάσεσθαι, πρὸς τὴν εὐωχίαν, ἢ αὖ πρὸς τὸ
ἀποδόσθαι, ὥσπερ χρηματιστὴν ἀλλ' οὐ ποιμένα. τῇ δὲ
ποιμενικῇ οὐ δήπου ἄλλου του μέλει ἢ ἐφ' ᾧ τέτακται, ὅπως
τούτῳ τὸ βέλτιστον ἐκποριεῖ—ἐπεὶ τά γε αὐτῆς ὥστ' εἶναι
βελτίστη ἱκανῶς δήπου ἐκπεπόρισται, ἕως γ' ἂν μηδὲν
ἐνδέῃ τοῦ ποιμενικὴ εἶναι—οὕτω δὲ ᾤμην ἔγωγε νυνδὴ
ἀναγκαῖον εἶναι ἡμῖν ὁμολογεῖν πᾶσαν ἀρχήν, καθ' ὅσον
ἀρχή, μηδενὶ ἄλλῳ τὸ βέλτιστον σκοπεῖσθαι ἢ ἐκείνῳ, τῷ
ἀρχομένῳ τε καὶ θεραπευομένῳ, ἔν τε πολιτικῇ καὶ ἰδιωτικῇ
ἀρχῇ. σὺ δὲ τοὺς ἄρχοντας ἐν ταῖς πόλεσιν, τοὺς ὡς ἀληθῶς
ἄρχοντας, ἑκόντας οἴει ἄρχειν;

Μὰ Δί' οὔκ, ἔφη, ἀλλ' εὖ οἶδα.

Τί δέ, ἦν δ' ἐγώ, ὦ Θρασύμαχε; τὰς ἄλλας ἀρχὰς οὐκ
ἐννοεῖς ὅτι οὐδεὶς ἐθέλει ἄρχειν ἑκών, ἀλλὰ μισθὸν αἰτοῦσιν,
ὡς οὐχὶ αὐτοῖσιν ὠφελίαν ἐσομένην ἐκ τοῦ ἄρχειν ἀλλὰ
τοῖς ἀρχομένοις; ἐπεὶ τοσόνδε εἰπέ· οὐχὶ ἑκάστην μέντοι
φαμὲν ἑκάστοτε τῶν τεχνῶν τούτῳ ἑτέραν εἶναι, τῷ ἑτέραν
τὴν δύναμιν ἔχειν; καί, ὦ μακάριε, μὴ παρὰ δόξαν ἀποκρίνου,
ἵνα τι καὶ περαίνωμεν.

Ἀλλὰ τούτῳ, ἔφη, ἑτέρα.

Οὐκοῦν καὶ ὠφελίαν ἑκάστη τούτων ἰδίαν τινὰ ἡμῖν παρέ-
χεται ἀλλ' οὐ κοινήν, οἷον ἰατρικὴ μὲν ὑγίειαν, κυβερνητικὴ
δὲ σωτηρίαν ἐν τῷ πλεῖν, καὶ αἱ ἄλλαι οὕτω;

Πάνυ γε.

Οὐκοῦν καὶ μισθωτικὴ μισθόν; αὕτη γὰρ αὐτῆς ἡ δύναμις·
ἢ τὴν ἰατρικὴν σὺ καὶ τὴν κυβερνητικὴν τὴν αὐτὴν καλεῖς;

ἀναγκαῖος, -α, -ον: necessary, inevitable, 3
αἰτέω: to ask, ask for, beg, 5
βλέπω: to see, look, 3
δαιτυμών, -όνος, ὁ: entertained guest, 1
δή-που: perhaps, I suppose, of course, 4
δόξα, ἡ: opinion, reputation, honor, glory, 2
ἑκάστοτε: each time, on each occasion, 1
ἐκ-πορίζω: to provide, furnish; invent, 5
ἑκών, ἑκοῦσα, ἑκόν: willing, intentionally, 5
ἐν-δέω: to be in want of, fail (+ gen.), 1
ἐν-νοέω: to have in mind, notice, consider, 1
ἑστιάω: to entertain, give a feast, 3
εὐωχία, ἡ: feast, good cheer, entertainment, 2
ἕως: until, as long as, 2
θεραπεύω: to attend to, care for, serve, 2
ἰδιωτικός, -ή, -όν: of a private person, 1
ἱκανός, -ή, -όν: enough, sufficient; capable, 4

μά: by, in affirmation, 5
μέλει: there is a care for (dat.) for (gen.), 1
μισθωτικός, -ή, -όν: of a wage-earner, 3
παρ-έχω: to provide, furnish, supply, 3
περαίνω: to finish, accomplish, 1
πιαίνω: to fatten, make fat, 1
ποιμενικός, -ή, -όν: of a shepherd, 2
ποιμήν, -ενος ὁ: herdsman, shepherd, 5
πολιτικός, -ή, -όν: of the city, political, 1
πρό-βατα, τά: cattle, flocks, herds, 5
σωτηρία, ἡ: safety, preservation; guarantee, 1
τάσσω: to appoint, order, arrange, 2
τοσόσδε, -ήδε, -όνδε: so great, much, many 3
ὑγίεια, ἡ: soundness, health, 3
ὕστερος, -α, -ον: later, last, 4
χρηματιστής, ὁ: money-maker, 4

---

c3 δεῖν: that it is necessary; impersonal
ὕστερον: later; in contrast with πρῶτον
φυλάξαι: to guard (the flock); aor. inf.,
the acc. subject is ποιμένα
οἴει: 2nd sg. pres. mid. οἴομαι
c4 καθ' ὅσον: insofar as inasmuch as
c5 πρὸς..βέλτιστον: to the best
ὥσπερ: as if
c6 ἑστιάσεσθαι: to be entertained; fut. inf.
πρὸς τὴν εὐωχίαν: with regard to ...
πρὸς τὸ ἀποδόσθαι: with regard to
selling; "exchanging" aor. articular inf.
d1 ὥσπερ: as if
τῇ ποιμενικῇ: shepherd's art; add τέχνη
d2 ἄλλου του...ἢ: something else than; gen.
object of impersonal μέλει
ἐφ' ᾧ: over which...; antecedent τούτῳ
τέτακται: he has been appointed; i.e. the
shepherd, pf. pass. τάσσω
ὅπως..ἐκποριεῖ: how he will provide;
fut. in a clause of effort
d3 τούτῳ: for this; i.e. sheep, dat. interest
ἐπεὶ τά..αὐτῆς: since its affairs; ἑαυτῆς,
the antecedent of the reflex. is ποιμενικη
ὥστε..βελτίστη: so as to be the best;
result clause, ὥστε + inf.
d4 ἐκπεπόρισται: 3rd sg. pf. pass.; τά subj.
ἕως γ': as long as, at any rate; restrictive
ἂν μηδὲν ἐνδέῃ: it not at all fails + gen.
d5 τοῦ..εἶναι: of being; ποιμενική is a pred.
ᾤμην: impf. οἴομαι
d6 ἀναγκαῖον εἶναι: that it is necessary

πᾶσαν ἀρχήν: that every form of rule;
e.g. democracy; acc. subj. of σκοπεῖσθαι
καθ' ὅσον ἀρχή: insofar as (it is) a form
of rule
d7 μηδενὶ ἄλλῳ....ἤ: for no one else than
τῷ ἀρχομένῳ...θεραπευομένῳ: in
apposition to ἐκείνῳ, pres. pass. pples
e1 ἐν...ἰδιωτικῇ ἀρχῇ: in both political and
private rule
e2 πόλεσιν: cities; dat. pl. πόλις
ὡς ἀληθῶς: truly
e3 οἴει: 2nd sg. pres. mid. οἴομαι
e4 οὔκ: I don't think (this) ...; add οἴομαι
e5 Τί δέ;: What?; expressing surprise
ἀρχὰς: types of rule
οὐκ ἐννοεῖς: do you not consider...?
e7 ὡς...ἐσομένην: on the grounds that there
will be a benefit not for them....; ὡς +
fut. pple εἰμί expressing alleged cause
346a1 ἐπεὶ τοσόνδε εἰπέ: for tell me this much
οὐχὶ ἑκάστην μέντοι: do we not indeed
say that each (art); supply τέχνην
a2 τούτῳ...τῷ: because of this, (namely)
because of having...; dat. of cause
a3 μὴ ἀποκρίνου: sg. mid. imperative
παρὰ δόξαν: contrary to (your) opinion
a4 περαίνωμεν: may accomplish; purpose
a5 Ἀλλὰ τούτῳ: well, because of this (it is)
a6 ὠφελίαν...τινὰ: some private benefit
a7 οἷον: for example; "with respect to such"
b1 Οὐκοῦν: Then, ...not?; inferential
αὕτη: for this (is) ...; supply ἐστίν

ἢ ἐάνπερ βούλῃ ἀκριβῶς διορίζειν, ὥσπερ ὑπέθου, οὐδέν τι
μᾶλλον, ἐάν τις κυβερνῶν ὑγιὴς γίγνηται διὰ τὸ συμφέρον
5 αὐτῷ πλεῖν ἐν τῇ θαλάττῃ, ἕνεκα τούτου καλεῖς μᾶλλον
αὐτὴν ἰατρικήν;
  Οὐ δῆτα, ἔφη.
  Οὐδέ γ᾽, οἶμαι, τὴν μισθωτικήν, ἐὰν ὑγιαίνῃ τις μισθαρνῶν.
  Οὐ δῆτα.
10 Τί δέ; τὴν ἰατρικὴν μισθαρνητικήν, ἐὰν ἰώμενός τις
μισθαρνῇ;
c Οὐκ ἔφη.
  Οὐκοῦν τήν γε ὠφελίαν ἑκάστης τῆς τέχνης ἰδίαν ὡμο-
λογήσαμεν εἶναι;
  Ἔστω, ἔφη.
5 Ἥντινα ἄρα ὠφελίαν κοινῇ ὠφελοῦνται πάντες οἱ δημι-
ουργοί, δῆλον ὅτι κοινῇ τινι τῷ αὐτῷ προσχρώμενοι ἀπ᾽
ἐκείνου ὠφελοῦνται.
  Ἔοικεν, ἔφη.
  Φαμὲν δέ γε τὸ μισθὸν ἀρνυμένους ὠφελεῖσθαι τοὺς
10 δημιουργοὺς ἀπὸ τοῦ προσχρῆσθαι τῇ μισθωτικῇ τέχνῃ
γίγνεσθαι αὐτοῖς.
  Συνέφη μόγις.
d Οὐκ ἄρα ἀπὸ τῆς αὐτοῦ τέχνης ἑκάστῳ αὕτη ἡ ὠφελία
ἐστίν, ἡ τοῦ μισθοῦ λῆψις, ἀλλ᾽, εἰ δεῖ ἀκριβῶς σκοπεῖσθαι,
ἡ μὲν ἰατρικὴ ὑγίειαν ποιεῖ, ἡ δὲ μισθαρνητικὴ μισθόν, καὶ
ἡ μὲν οἰκοδομικὴ οἰκίαν, ἡ δὲ μισθαρνητικὴ αὐτῇ ἑπομένη
5 μισθόν, καὶ αἱ ἄλλαι πᾶσαι οὕτως τὸ αὐτῆς ἑκάστη ἔργον
ἐργάζεται καὶ ὠφελεῖ ἐκεῖνο ἐφ᾽ ᾧ τέτακται. ἐὰν δὲ μὴ
μισθὸς αὐτῇ προσγίγνηται, ἔσθ᾽ ὅτι ὠφελεῖται ὁ δημιουργὸς
ἀπὸ τῆς τέχνης;

ἄρνυμαι: to earn, gain, reap for oneself, 1
δι-ορίζω: to define, separate, determine, 3
ἕπομαι: to follow, accompany, escort, 1
θάλασσα, ἡ: sea, 2
ἰάομαι: to heal, cure, 1
κυβερνάω: to be a helmsman; steer, govern, 2
λῆψις, ἡ: receiving, acceptance, 3
μισθαρνέω: to work for a wage, 2
μισθαρνητικός, -ή, -όν: of a wage-earner, 3
μισθωτικός, -ή, -όν: of a wage-earner, 3
μόγις: with difficulty, reluctantly, scarcely, 4

οἰκία, ἡ: a house, home, dwelling, 1
οἰκο-δομικός, -ή, -όν: of a builder, 3
προσ-γίγνομαι: to come to be in addition, 1
προσ-χράομαι: to use in addition (+ dat.), 2
σύμ-φημι: to assent, approve, 3
τάσσω: to appoint, order, arrange, 2
ὑγιαίνω: to be sound, healthy, 1
ὑγίεια, ἡ: soundness, health, 3
ὑγιής, -ές: sound, healthy, wholesome, 1
ὑπο-τίθημι: to set down; suggest, advise, 1

---

b3 ἐάνπερ βούλῃ: *if you wish*; 2nd sg. pres. mid. subj. in a pres. general condition
ὥσπερ: *just as*
ὑπέθου: ὑπέθε(σ)ο; 2nd sg. aor. ὑποτίθημι
οὐδέν τι μᾶλλον...καλεῖς μᾶλλον: *not any more...(not any) more do you call...?*; the second μᾶλλον is redundant

b4 κυβερνῶν: *being a helmsman*; pres. pple
διὰ τὸ...πλεῖν: *on account the advantage for him to sail on the sea*; explanatory (epexegetical) inf. modifying συμφέρον

b5 καλεῖς: *do you call (x) (y)*; verb takes a double accusative

b8 μισθωτικήν: *the (art) of the wage-earner*
ὑγιαίνῃ: 3rd sg. pres. subj. in a present general condition, ὑγιαίνω

b10 Τί δέ;: *What?*; "Why?" expressing surprise and introducing another question
τὴν ἰατρικὴν: *(do you call) the art of medicine*; supply καλεῖς from above
μισθαρνῇ: 3rd sg. pres. subj. in a present general condition, μισθαρνέω

c1 Οὐκ ἔφη: *"No," he said.*

c2 Οὐκοῦν: *Then,...not?*; inferential, begins question seeking a "yes" response
ἰδίαν: *peculiar (to it)*; pred. after εἶναι

c4 Ἔστω: *let it be so*; 3rd sg. imperative, εἰμί

c5 Ἥντινα: *whatever benefit..?*; interrogative adj. ὅστις, modifying acc. sg. ὠφελίαν, which is a cognate accusative
κοινῇ: *in common*

c6 δῆλον ὅτι: *clearly*; "(it is) clear that"
τινι τῷ αὐτῷ: *some same thing*; dat. obj. of pres. pple προσχρώμενοι

c9 τὸ...ὠφελεῖσθαι...δημιουργοὺς...αὐτοῖς: *the fact that craftsmen benefit by earning a wage comes to them from employing the wage-earning art in addition*; the art. infinitive τὸ ὠφελεῖσθαι is acc. subject of γίγνεσθαι

d1 αὐτοῦ: *his own*; ἑαυτοῦ, reflexive
Οὐκ...αὕτη..ἐστίν: *is this not the benefit?*

d2 ἡ..λῆψις: in apposition to ὠφελία

d3 μισθαρνητικὴ: *(art) of the wage-earner*

d4 αὐτῆ ἑπομένη: *accompanying it*; i.e. accompanying the οἰκοδομική

d5 τὸ αὐτῆς...ἔργον ἐργάζεται: *performs its own function*; ἑαυτῆς, cognate acc.

d6 ἐφ' ᾧ: *over which...*; antecedent τούτῳ
τέτακται: *he has been appointed*; pf. pass. τάσσω

d7 ἔσθ' ὅτι: *is it (the case) that...*; ἔστιν

Οὐ φαίνεται, ἔφη.

e 'Αρ' οὖν οὐδ' ὠφελεῖ τότε, ὅταν προῖκα ἐργάζηται;
Οἶμαι ἔγωγε.

Οὐκοῦν, ὦ Θρασύμαχε, τοῦτο ἤδη δῆλον, ὅτι οὐδεμία
τέχνη οὐδὲ ἀρχὴ τὸ αὑτῇ ὠφέλιμον παρασκευάζει, ἀλλ',
5 ὅπερ πάλαι ἐλέγομεν, τὸ τῷ ἀρχομένῳ καὶ παρασκευάζει
καὶ ἐπιτάττει, τὸ ἐκείνου συμφέρον ἥττονος ὄντος σκο-
ποῦσα, ἀλλ' οὐ τὸ τοῦ κρείττονος. διὰ δὴ ταῦτα ἔγωγε, ὦ
φίλε Θρασύμαχε, καὶ ἄρτι ἔλεγον μηδένα ἐθέλειν ἑκόντα
ἄρχειν καὶ τὰ ἀλλότρια κακὰ μεταχειρίζεσθαι ἀνορθοῦντα,
347 ἀλλὰ μισθὸν αἰτεῖν, ὅτι ὁ μέλλων καλῶς τῇ τέχνῃ πρά-
ξειν οὐδέποτε αὑτῷ τὸ βέλτιστον πράττει οὐδ' ἐπιτάττει
κατὰ τὴν τέχνην ἐπιτάττων, ἀλλὰ τῷ ἀρχομένῳ· ὦν δὴ
ἕνεκα, ὡς ἔοικε, μισθὸν δεῖν ὑπάρχειν τοῖς μέλλουσιν
5 ἐθελήσειν ἄρχειν, ἢ ἀργύριον ἢ τιμήν, ἢ ζημίαν ἐὰν μὴ
ἄρχῃ.

Πῶς τοῦτο λέγεις, ὦ Σώκρατες; ἔφη ὁ Γλαύκων· τοὺς
μὲν γὰρ δύο μισθοὺς γιγνώσκω, τὴν δὲ ζημίαν ἥντινα λέγεις
καὶ ὡς ἐν μισθοῦ μέρει εἴρηκας, οὐ συνῆκα.

10 Τὸν τῶν βελτίστων ἄρα μισθόν, ἔφην, οὐ συνιεῖς, δι' ὃν
b ἄρχουσιν οἱ ἐπιεικέστατοι, ὅταν ἐθέλωσιν ἄρχειν. ἢ οὐκ
οἶσθα ὅτι τὸ φιλότιμόν τε καὶ φιλάργυρον εἶναι ὄνειδος
λέγεταί τε καὶ ἔστιν;

Ἔγωγε, ἔφη.

5 Διὰ ταῦτα τοίνυν, ἦν δ' ἐγώ, οὔτε χρημάτων ἕνεκα ἐθέ-
λουσιν ἄρχειν οἱ ἀγαθοὶ οὔτε τιμῆς· οὔτε γὰρ φανερῶς
πραττόμενοι τῆς ἀρχῆς ἕνεκα μισθὸν μισθωτοὶ βούλονται
κεκλῆσθαι, οὔτε λάθρᾳ αὐτοὶ ἐκ τῆς ἀρχῆς λαμβάνοντες
κλέπται. οὐδ' αὖ τιμῆς ἕνεκα· οὐ γάρ εἰσι φιλότιμοι. δεῖ δὴ

αἰτέω: to ask, ask for, beg, 5
ἀλλότριος, -α, -ον: another's, alien, foreign, 3
ἀν-ορθόω: to set straight, correct; restore, 1
γιγνώσκω: to come to know, learn, realize, 5
δύο: two, 3
ἑκών, ἑκοῦσα, ἑκόν: willing, intentionally, 5
ἐπι-εικής, -ές: fitting, suitable, reasonable, 5
ζημία , ἡ: loss, damage; penalty, 5
κλέπτης, ὁ: a thief, robber, 4
λάθρᾳ: secretly, covertly, by stealth, 2
μέρος, -εος, τό: a part, share, portion, 5
μετα-χειρίζω: to handle, manage; practice, 1
μισθωτός, -ή, -όν: hired, 1

ὄνειδος, τό: reproach, censure, rebuke, 2
οὐδέ-ποτε: not ever, never, 3
πάλαι: long ago, formerly, of old, 2
παρα-σκευάζω: to get ready, prepare, 3
προίξ, προῖκος ἡ: to gift, present, 1
συν-ίημι: to understand; put together, 2
τιμή, ἡ: honor, 3
ὑπ-άρχω: be there, be available, be possible 3
φανερός, -ά, -όν: visible, manifest, evident, 3
φιλο-άργυρος, -ον: fond of money, greedy, 1
φιλο-τιμος, -ον: ambitious, honor-loving, 2
ὠφέλιμος, -η, -ον: helpful, beneficial, useful 2

---

e1 οὐδ᾽ ὠφελεῖ: *does he not give a benefit*
προῖκα: *for free*; "as a gift," adv. acc.
ἐργάζηται: pres. subj., general temporal
clause

e3 Οὐκοῦν: *Then, ... not?*; inferential, begins
question seeking a "yes" response
τοῦτο ἤδη δῆλον, ὅτι: *this (is) already
clear (namely) that...*

e4 αὕτη: *for itself*; reflexive, dat. interest

e5 τὸ τῷ ἀρχομένῳ: *(the advantage) for the
ruled*; supply συμφέρον

e6 ἥττονος: *weaker*; gen. pred. of ὄντος
ὄντος: pres. pple εἰμί modifies ἐκείνου
σκοποῦσα: pres. pple σκοπέω modifies
the implicit subject τέχνη...ἀρχὴ

e7 τὸ τοῦ κρείττονος: *that of the stronger*;
supply συμφέρον
διὰ δὴ ταῦτα: *on account of these very
things*

e8 μηδένα: *no one*; acc. subject of ἐθέλειν

e9 τὰ ἀλλότρια κακὰ: *the problems of
another*; acc. obj. of μεταχειρίζομαι
ἀνορθοῦντα: *attempting to correct them*;
conative pres. pple ἀν-ορθόω

347a1 ἀλλὰ...αἰτεῖν: *but he asks for a wage*;
i.e. all ask for pay; governed by ἔλεγον
ὅτι: *because*
ὁ μέλλων...πράξειν: *the one intending
to fare well in art*; dat. respect; fut. inf.

a2 αὑτῷ: *for himself*; dat. reference
κατὰ τὴν τέχνην: *according to art*

a3 ὧν δὴ ἕνεκα: *for these very reasons*

a4 μισθὸν...ὑπάρχειν: *it is necessary that
a wage be at hand*

τοῖς μέλλουσιν: *for those intending*; +
fut. inf. of ἐθέλω

a5 ἤ...ἤ...ἤ: *either...or...or*
ἐὰν μὴ ἄρχῃ: *if (one) does not rule*; 3rd
sg. pres. subj., present general condition

a7 Πῶς τοῦτο λέγεις: *what do you mean by
this?*

a8 γάρ: *(I say this) for*
τὴν δὲ ζημίαν ἥντινα λέγεις...εἴρηκας:
*but the penalty which you speak of and
have talked about as a form of wage...*
pres. and pf. λέγω

a9 οὐ συνῆκα: *I do not understand*; 1st sg.
aor. συνίημι called the dramatic aorist
because it is used in tragedy and comedy
to describe a present state of mind

a10 συνιεῖς: 2nd sg. pres. συνίημι
δι᾽ ὅν: *on account of which*; i.e. wage

b1 ἐπιεικέστατοι: *best men*; superlative
οἶσθα: 2nd sg. pres.. οἶδα

b2 τὸ...εἶναι: *to be a lover of honor and
silver*; art. inf. with two acc. predicates
ὄνειδος: *reproach*; nom. pred. of
λέγεταί and ἔστιν

b6 τιμῆς: *(for the sake of) honor*; ἕνεκα
φανερῶς: *openly*; "clearly"

b7 πραττόμενοι...μισθὸν: *exacting a wage*
μισθωτοὶ: predicate with κεκλῆσθαι

b8 κεκλῆσθαι: *be called*; pf. pass. inf. καλέω
αὐτοί...κλέπται: *they (by) themselves be
called thieves*; supply from above
βούλονται κεκλῆσθαι

b9 εἰσι: *they are*; 3rd pl. pres. εἰμί
δὴ: *accordingly*; inferential

c αὐτοῖς ἀνάγκην προσεῖναι καὶ ζημίαν, εἰ μέλλουσιν ἐθέ-
λειν ἄρχειν—ὅθεν κινδυνεύει τὸ ἑκόντα ἐπὶ τὸ ἄρχειν ἰέναι
ἀλλὰ μὴ ἀνάγκην περιμένειν αἰσχρὸν νενομίσθαι—τῆς δὲ
ζημίας μεγίστη τὸ ὑπὸ πονηροτέρου ἄρχεσθαι, ἐὰν μὴ αὐτὸς

5 ἐθέλῃ ἄρχειν· ἣν δείσαντές μοι φαίνονται ἄρχειν, ὅταν
ἄρχωσιν, οἱ ἐπιεικεῖς, καὶ τότε ἔρχονται ἐπὶ τὸ ἄρχειν οὐχ
ὡς ἐπ᾽ ἀγαθόν τι ἰόντες οὐδ᾽ ὡς εὐπαθήσοντες ἐν αὐτῷ, ἀλλ᾽

d ὡς ἐπ᾽ ἀναγκαῖον καὶ οὐκ ἔχοντες ἑαυτῶν βελτίοσιν ἐπι-
τρέψαι οὐδὲ ὁμοίοις. ἐπεὶ κινδυνεύει πόλις ἀνδρῶν ἀγα-
θῶν εἰ γένοιτο, περιμάχητον ἂν εἶναι τὸ μὴ ἄρχειν ὥσπερ
νυνὶ τὸ ἄρχειν, καὶ ἐνταῦθ᾽ ἂν καταφανὲς γενέσθαι ὅτι τῷ

5 ὄντι ἀληθινὸς ἄρχων οὐ πέφυκε τὸ αὑτῷ συμφέρον σκοπεῖ-
σθαι ἀλλὰ τὸ τῷ ἀρχομένῳ· ὥστε πᾶς ἂν ὁ γιγνώσκων τὸ
ὠφελεῖσθαι μᾶλλον ἕλοιτο ὑπ᾽ ἄλλου ἢ ἄλλον ὠφελῶν
πράγματα ἔχειν. τοῦτο μὲν οὖν ἔγωγε οὐδαμῇ συγχωρῶ

e Θρασυμάχῳ, ὡς τὸ δίκαιόν ἐστιν τὸ τοῦ κρείττονος συμφέρον.
ἀλλὰ τοῦτο μὲν δὴ καὶ εἰς αὖθις σκεψόμεθα· πολὺ δέ μοι
δοκεῖ μεῖζον εἶναι ὃ νῦν λέγει Θρασύμαχος, τὸν τοῦ ἀδίκου
βίον φάσκων εἶναι κρείττω ἢ τὸν τοῦ δικαίου. σὺ οὖν

5 ποτέρως, ἦν δ᾽ ἐγώ, ὦ Γλαύκων, αἱρῇ; καὶ πότερον
ἀληθεστέρως δοκεῖ σοι λέγεσθαι;

Τὸν τοῦ δικαίου ἔγωγε λυσιτελέστερον βίον εἶναι.

348 Ἤκουσας, ἦν δ᾽ ἐγώ, ὅσα ἄρτι Θρασύμαχος ἀγαθὰ
διῆλθεν τῷ τοῦ ἀδίκου;

Ἤκουσα, ἔφη, ἀλλ᾽ οὐ πείθομαι.

Βούλει οὖν αὐτὸν πείθωμεν, ἂν δυνώμεθά πῃ ἐξευρεῖν, ὡς

5 οὐκ ἀληθῆ λέγει;

Πῶς γὰρ οὐ βούλομαι; ἦ δ᾽ ὅς.

Ἂν μὲν τοίνυν, ἦν δ᾽ ἐγώ, ἀντικατατείναντες λέγωμεν

αἱρέω: to seize, take; *mid.* choose, 3
αἰσχρός, -ά, -όν: shameful, disgraceful, 3
ἀληθινός, -ή, -όν: truthful, true, real, 1
ἀμείνων, -ον: better, 5
ἀναγκαῖος, -α, -ον: necessary, inevitable, 3
ἀντι-κατατείνω: to set out against, 1
αὖθις: back again, later, 3
γιγνώσκω: to come to know, learn, realize, 5
δείδω: to fear, 3
δι-έρχομαι: to go through, pass through, 1
ἑκών, ἑκοῦσα, ἑκόν: willing, intentionally, 5
ἐν-ταῦθα: here, hither, there, thither, then, 5
ἐξ-ευρίσκω: to find out, discover, 1
ἐπι-εικής, -ές: fitting, suitable, reasonable, 5
ἐπι-τρέπω: to trust, commit, turn to (dat), 1
εὐ-παθέω: to be well off, enjoy oneself, 1

ζημία, ἡ: loss, damage; penalty, 5
ἥκω: to have come, be present, 2
κατα-φανής, -ές: clearly seen, evident, plain 2
νομίζω: to believe, think, deem, 2
νυνί: now; as it is, 2
ὅ-θεν: from where, from which, 2
οὐδαμῇ: in no way, not at all, never, 1
περι-μάχητος, ον: greatly fought for, 1
περι-μένω: to wait for, await, 5
πῃ: in some way, somehow, 2
ποτέρως: in which of two ways, 2
πρᾶγμα, τό: deed; matter, affair, trouble 5
πρόσ-ειμι: to be in addition, 2
φάσκω: to say, affirm, claim, 2
φύω: to bring forth, beget; am by nature, 3

---

c1 ἀνάγκην..ζημίαν: *that for them there is in addition compulsion and penalty*
c2 ὅθεν κινδυνεύει: *for this reason it looks as though to pursue holding office willingly and not to await compulsion is considered shameful;* "to go after holding office," acc. subj. of pf. pass. inf. νομίζω
c4 τῆς δὲ ζημίας μεγίστη: *the greatest penalty (is) ...* ; partitive gen., supply verb
ὑπὸ πονηροτέρου: *by someone worse ....*; gen. of agent, here a comparative
ἐάν...ἐθέλῃ: 3rd sg. subj. present general
αὐτός: *he himself;* i.e. the better man
c5 ἥν: *which;* acc. sg. of pple δείσαντες
δείσαντες: nom. pl. aor. pple. δείδω
c6 ἔρχονται ἐπὶ τὸ ἄρχειν: *they pursue holding office;* "go after holding office"
c7 οὐχ ὡς...ἰόντες: *not on the grounds that they go after ...*; ὡς + pple, alleged cause
ὡς εὐπαθήσοντες: *not on the grounds that they will enjoy themselves;* fut. pple
d1 ὡς ἐπ' ἀναγκαῖον: *on the grounds of (going after) the inevitable;* add ἰόντες
οὐκ ἔχοντες: *not (on the grounds of) being able;* supply ὡς, ἔχω + inf.
ἑαυτῶν: *than themselves;* comparison
βελτίοσιν: dat. pl. βελτίων object of inf.
ἐπιτρέψαι: aor. inf. ἐπιτρέπω with ἔχω
d2 ἐπεὶ κινδυνεύει...ἄρχειν: *since it looks as though that, if a city of good men should arise, not to hold office would be greatly fought for just as to hold office (is) now*
πόλις ἀνδρῶν ἀγαθῶν: subj. of γένοιτο

in a future less vivid condition (*should, would*), the apodosis is ἂν εἶναι, which expresses potential
d4 ἂν...γενέσθαι, ὅτι: *it would become clear that;* potential ἂν in same fut. less vivid
τῷ ὄντι: *actually, really;* adverbial
d5 οὐ πέφυκε...σκοπεῖσθαι: *does not naturally consider;* "is not naturally disposed to consider," 3rd sg. pf. φύω
d6 τὸ τῷ ἀρχομένῳ: *(the advantage) to the one ruled*
πᾶς...ὁ γιγνώσκων: *every one having understanding;* the pple. is intransitive
d7 ἂν ἕλοιτο: *would choose;* aor. opt. αἱρέω
μᾶλλον...ἢ: *rather....than*
ὑπ' ἄλλου: *by another;* with ὠφελεῖσθαι
ὠφελῶν: pres. pple
d8 πράγματα ἔχειν: *to have troubles*
τοῦτο...ὡς: *this...namely that*
e2 καὶ εἰς...σκεψόμεθα: *we will consider later also*
πολύ...μεῖζον: *far better;* acc. of extent
e4 κρείττω: *stronger;* κρείττονα, acc. sg.
e5 αἱρῇ: *which do you choose;* 2nd sg. mid.
e7 ἔγωγε: *I for my part (say that)*
348a1 Ἤκουσας: *did you hear;* 2nd sg. aor.
διῆλθεν: *related;* aor. δι-έρχομαι,
a2 τῷ...ἀδίκου: *for the life of the unjust*
a3 πείθομαι: *I am persuaded;* pres. pass.
a4 βούλει: *do you wish;* + deliberative subj.
ἂν δυνώμεθά πῃ: *if we are able somehow*
a6 Πῶς γὰρ οὔ: *how could I not....?*
a7 Ἂν..λέγωμεν..λόγον: *if we make a speech*

αὐτῷ λόγον παρὰ λόγον, ὅσα αὖ ἀγαθὰ ἔχει τὸ δίκαιον εἶναι, καὶ αὖθις οὗτος, καὶ ἄλλον ἡμεῖς, ἀριθμεῖν δεήσει

b τἀγαθὰ καὶ μετρεῖν ὅσα ἑκάτεροι ἐν ἑκατέρῳ λέγομεν, καὶ ἤδη δικαστῶν τινων τῶν διακρινούντων δεησόμεθα· ἂν δὲ ὥσπερ ἄρτι ἀνομολογούμενοι πρὸς ἀλλήλους σκοπῶμεν, ἅμα αὐτοί τε δικασταὶ καὶ ῥήτορες ἐσόμεθα.

5 Πάνυ μὲν οὖν, ἔφη.

Ὁποτέρως οὖν σοι, ἦν δ᾽ ἐγώ, ἀρέσκει.

Οὕτως, ἔφη.

Ἴθι δή, ἦν δ᾽ ἐγώ, ὦ Θρασύμαχε, ἀπόκριναι ἡμῖν ἐξ ἀρχῆς. τὴν τελέαν ἀδικίαν τελέας οὔσης δικαιοσύνης

10 λυσιτελεστέραν φῂς εἶναι;

c Πάνυ μὲν οὖν καὶ φημί, ἔφη, καὶ δι᾽ ἅ, εἴρηκα.

Φέρε δή, τὸ τοιόνδε περὶ αὐτῶν πῶς λέγεις; τὸ μέν που ἀρετὴν αὐτοῖν καλεῖς, τὸ δὲ κακίαν;

Πῶς γὰρ οὔ;

5 Οὐκοῦν τὴν μὲν δικαιοσύνην ἀρετήν, τὴν δὲ ἀδικίαν κακίαν;

Εἰκός γ᾽, ἔφη, ὦ ἥδιστε, ἐπειδή γε καὶ λέγω ἀδικίαν μὲν λυσιτελεῖν, δικαιοσύνην δ᾽ οὔ.

Ἀλλὰ τί μήν;

10 Τοὐναντίον, ἦ δ᾽ ὅς.

Ἦ τὴν δικαιοσύνην κακίαν;

Οὔκ, ἀλλὰ πάνυ γενναίαν εὐήθειαν.

d Τὴν ἀδικίαν ἄρα κακοήθειαν καλεῖς;

Οὔκ, ἀλλ᾽ εὐβουλίαν, ἔφη.

Ἦ καὶ φρόνιμοί σοι, ὦ Θρασύμαχε, δοκοῦσιν εἶναι καὶ ἀγαθοὶ οἱ ἄδικοι;

5 Οἵ γε τελέως, ἔφη, οἷοί τε ἀδικεῖν, πόλεις τε καὶ ἔθνη δυνάμενοι ἀνθρώπων ὑφ᾽ ἑαυτοὺς ποιεῖσθαι· σὺ δὲ οἴει με

ἅμα: at the same time; along with (dat.), 5
ἀν-ομολογέομαι: to agree upon, 1
ἀρέσκω: to please, satisfy, appease, 3
ἀριθμέω: to count, number, reckon, 1
αὖθις: back again, later, 3
γενναῖος, -α, -ον: noble, well-bred, 1
δια-κρίνω: to decide, distinguish; separate, 1
δικαστής, οῦ, ὁ: a juror, 2
ἔθνος, τό: tribe, race, people, nation, 2
εἰκός, ότος, τό: likely, probably, reasonable 4

εὐ-βουλία, ἡ: good counsel, prudence, 1
εὐ-ήθεια, ἡ: naïvete, innocence, good nature, 1
ἡδύς, -εῖα, -ύ: sweet, pleasant, glad, 4
κακο-ήθεια, ἡ: lack of innocence, bad nature, 1
ὁπότερος, -α, -ον: which of two, 1
ῥήτωρ, ὁ: a public speaker, orator, 1
σμετρέω: to measure, 1
τοιόσδε, -άδε, -όνδε: such (as this), 5
φέρω: to bear, carry, bring, convey, 5

---

a8 παρὰ λόγον: *in response to (his) speech*;
"contrary to (Thrasymachus') speech"
ὅσα...ἀγαθά: *how many goods...*; in
apposition to λόγον
τὸ δίκαιον εἶναι: *being just*; subj. of ἔχει

a9 αὖθις οὗτος, καὶ...ἡμεῖς: *and again this
one (speaks) and we (make) another
speech*; just as litigants make 2 speeches
δεήσε: *it will be necessary for us*; fut. δεῖ

b1 τἀγαθὰ: τὰ ἀγαθὰ
ὅσα: *how many (goods)*
ἑκάτεροι ἐν ἑκατέρῳ: *each (of us) in each
(speech)*; or "in each (life),"

b2 δεησόμεθα: *we will be in need of (+ gen.)*;
fut. mid. δέομαι
ἂν...σκοπῶμεν: *if we consider*; fut. more
vivid condition; ἐάν

b3 πρὸς ἀλλήλους: *with one another*
ἐσόμεθα: 1ˢᵗ pl. fut. εἰμί

b5 Πάνυ μὲν οὖν: *quite so indeed*; expresses
positive certainty, cf. 331d4

b6 Ὁποτέρως: *in which way*
ἀρέσκει: *it is pleasing*; impersonal
Οὕτως: *in this way*

b8 Ἴθι δή: *come now*; sg. imperative εἶμι
(ἔρχομαι)
ἀπόκριναι: aor. mid. imperative

b9 τελέας οὔσης: *being complete*; gen.
predicate; pple εἰμί with δικαιοσύνης
δικαιοσύνης: *than...*; gen. comparison

c1 καὶ...καὶ: *both...and*
δι᾽ ἅ: *for what reasons*; "on account of
what"
εἴρηκα: 1ˢᵗ sg. pf.. λέγω (stem -ερ)

c2 Φέρε δή: *come now*; often introduces an
imperative but here before a question
τὸ τοιόνδε...πῶς λέγεις: *as for the*

*following point concerning them...how
would you speak?*; prolepsis; a similar
question πῶς τοῦτο λέγεις; is often
translated as "what do you mean by this"

c3 τὸ μέν...αὐτοῖν...τὸ δὲ: *one of those
two...the other*; i.e. the just...the unjust,
dual gen. pl.
αὐτοῖν: *of those two*; dual gen.

c4 Πῶς γὰρ οὔ: *how could (I) not?*; used
12 times in Book 1, πῶς γὰρ confirms
and expresses (im)possibility and surprise

c5 Οὐκοῦν: *Then,...not?*; inferential, begins
question seeking a "yes" response; add
καλεῖς, governing a double accusative

c7 Εἰκός γ᾽: *it is indeed likely*;
Thrasymachus is being sarcastic as we
read on below
ὦ ἥδιστε: *you very naïve man*; "very
sweet man," superlative; cf. 337d6,
where Socrates is likewise described as
ἡδύς, a word that ranges from "sweet" to
"innocent" to "simple-minded"
ἐπειδή γε καὶ: *(I say this) since in fact*

c9 Ἀλλὰ τί μήν: *Well, what then?*; μήν adds
liveliness to the question τί

c10 τοὐναντίον: *the opposite*; τὸ ἐναντίον

d3 φρόνιμοί: pred. nom. with ἀγαθοὶ
following εἶναι

d5 Οἵ γε: *(yes) those at least...*; restrictive,
but a "yes" response is implied
οἷοι τε: *(being) able*; "the sort," οἷος τ +
εἰμί often means "to be capable"
πόλεις: *cities*; acc. pl.
ἔθνη: *tribes*; ἔθνεα, neuter. acc. pl.

d6 ὑφ᾽ ἑαυτοὺς ποιεῖσθαι: *to put...under
their control*; "to put...under themselves"
οἴει: 2ⁿᵈ sg. pres. mid. οἴομαι

ἴσως τοὺς τὰ βαλλάντια ἀποτέμνοντας λέγειν. λυσιτελεῖ
μὲν οὖν, ἦ δ᾽ ὅς, καὶ τὰ τοιαῦτα, ἐάνπερ λανθάνῃ· ἔστι δὲ
οὐκ ἄξια λόγου, ἀλλ᾽ ἃ νυνδὴ ἔλεγον.

e   Τοῦτο μέν, ἔφην, οὐκ ἀγνοῶ ὃ βούλει λέγειν, ἀλλὰ τόδε
ἐθαύμασα, εἰ ἐν ἀρετῆς καὶ σοφίας τιθεῖς μέρει τὴν ἀδικίαν,
τὴν δὲ δικαιοσύνην ἐν τοῖς ἐναντίοις.

Ἀλλὰ πάνυ οὕτω τίθημι.

5   Τοῦτο, ἦν δ᾽ ἐγώ, ἤδη στερεώτερον, ὦ ἑταῖρε, καὶ οὐκέτι
ῥᾴδιον ἔχειν ὅτι τις εἴπῃ. εἰ γὰρ λυσιτελεῖν μὲν τὴν
ἀδικίαν ἐτίθεσο, κακίαν μέντοι ἢ αἰσχρὸν αὐτὸ ὡμολόγεις
εἶναι ὥσπερ ἄλλοι τινές, εἴχομεν ἄν τι λέγειν κατὰ τὰ
νομιζόμενα λέγοντες· νῦν δὲ δῆλος εἶ ὅτι φήσεις αὐτὸ καὶ
10 καλὸν καὶ ἰσχυρὸν εἶναι καὶ τἆλλα αὐτῷ πάντα προσθήσεις
349 ἃ ἡμεῖς τῷ δικαίῳ προσετίθεμεν, ἐπειδή γε καὶ ἐν ἀρετῇ
αὐτὸ καὶ σοφίᾳ ἐτόλμησας θεῖναι.

Ἀληθέστατα, ἔφη, μαντεύῃ.

Ἀλλ᾽ οὐ μέντοι, ἦν δ᾽ ἐγώ, ἀποκνητέον γε τῷ λόγῳ
5 ἐπεξελθεῖν σκοπούμενον, ἕως ἄν σε ὑπολαμβάνω λέγειν
ἅπερ διανοῇ. ἐμοὶ γὰρ δοκεῖς σύ, ὦ Θρασύμαχε, ἀτεχνῶς
νῦν οὐ σκώπτειν, ἀλλὰ τὰ δοκοῦντα περὶ τῆς ἀληθείας
λέγειν.

Τί δέ σοι, ἔφη, τοῦτο διαφέρει, εἴτε μοι δοκεῖ εἴτε μή,
10 ἀλλ᾽ οὐ τὸν λόγον ἐλέγχεις;

b   Οὐδέν, ἦν δ᾽ ἐγώ. ἀλλὰ τόδε μοι πειρῶ ἔτι πρὸς τού-
τοις ἀποκρίνασθαι· ὁ δίκαιος τοῦ δικαίου δοκεῖ τί σοι ἂν
ἐθέλειν πλέον ἔχειν;

Οὐδαμῶς, ἔφη· οὐ γὰρ ἂν ἦν ἀστεῖος, ὥσπερ νῦν, καὶ
5 εὐήθης.

Τί δέ; τῆς δικαίας πράξεως;

Οὐδὲ τῆς δικαίας, ἔφη.

αἰσχρός, -ά, -όν: shameful, disgraceful, 3
ἀλήθεια, ἡ: truth, 2
ἄξιος, -α, -ον: worthy of, deserving of, 3
ἀπ-οκνητέος, -ον: worthy to shrink from, 1
ἀπο-τέμνω: to cut off, sever, 2
ἀστεῖος, -α, -ον: urbane, sophisticated, 1
ἀ-τεχνῶς: simply, absolutely, really, 1
βαλλάντιον, τό: purse, pouch, bag, 1
δια-νοέομαι: to think, suppose, intend, 4
δια-φέρω: to differ, surpass, be superior to, 5
ἐλέγχω: to cross-examine, question; refute, 3
ἐπ-εξ-έρχομαι: to go out against, go through, 1
ἑταῖρος, ὁ: a comrade, companion, mate, 2
εὐ-ήθης, -ες: naïve, innocent, good-natured, 2

ἕως: until, as long as, 2
θαυμάζω: to wonder, marvel, be astonished, 2
ἰσχυρός, -ά, -όν: strong, powerful; severe, 5
μαντεύομαι: to divine, prophesy, 1
μέρος, -εος, τό: a part, share, portion, 5
νομίζω: to believe, think; be accustomed, 2
οὐδαμῶς: in no way, not at all, 5
οὐκ-έτι: no more, no longer, no further, 4
πειράω: to try, attempt, endeavor, 2
προσ-τίθημι: to add, attribute, impose, give. 4
σκώπτω: to joke, make fun of, mock, 1
στερεός, -α, -ον: stiff, firm; solid, 1
τολμάω: to dare, undertake, endure, 1
ὑπο-λαμβάνω: to take up, reply; suppose, 5

---

d7 ἀποτέμνοντας: *those cutting off purses*;
i.e. thieves snatching or stealing purses
d8 μὲν οὖν: *indeed*; again, positive certainty
τὰ τοιαῦτα: neut. pl. subj. of λυσιτελεῖ
ἐάνπερ: *if in fact*
λανθάνῃ: 3rd sg. subj. in a present simple
condition
ἔστι: *(they) are*; τοιαῦτα is subject
d9 ἄξια λόγου: *worthy of mention*
e1 βούλει: *you wish*; 2nd sg. pres. βούλομαι
τόδε...εἰ: *the following...namely if*
e2 ἐθαύμασα: *I am surprised*; cf. 347a9
ἐν ἀρετῆς...μέρει: *in the category of*
excellence and wisdom; "in the division"
e2 τιθεῖς: *you place*; 2nd sg. pres. τίθημι
e4 Ἀλλά: *But I certainly do place them in*
this way
e5 στερεώτερον: *(is) a more rigid position*
e6 ῥάδιον: *(is it) easy*; neuter predicate
ἔχειν: *to know*; "to have (in mind)"
e6 ὅτι τις εἴπῃ: *what one is to say*; ὅ τι,
3rd sg. aor. deliberative subj.
εἰ...ἐτίθεσο...εἴχομεν ἄν: *if you were to*
set forth that...we would be able; impf.
and impf. + ἄν in a present contrary-to-
fact condition; ἔχω + inf means 'be able'
e7 μέντοι...ὡμολόγεις: *(and) yet you were*
to agree; impf. in same protasis above
αὐτὸ: *that it...*; acc. subject of εἶναι
e8 τι λέγειν: *to say something*
κατὰ....νομιζόμενα: *according to custom*
e9 νῦν δὲ: *but as it is*; "but now"
e10 δῆλος εἶ ὅτι φήσεις: *you obviously will*
claim that; "you are clear that you will
say," fut. φημί

τἆλλα...παντα: *all other (qualities)*; τὰ
ἄλλα
προσθήσεις: *you will attribute*; 2nd sg. fut
349a1 προσετίθεμεν: *we are accustomed to*
attribute; or "we were used to attribute,"
impf. for customary action
ἐπειδή γε καὶ: *(I say this) since in fact*
a2 θεῖναι: aor. inf. τίθημι
a3 Ἀληθέστατα: *most truthfully*; adverb in
the superlative degree
μαντεύῃ: μαντεύε(σ)αι; 2nd sg. pres.
a4 Ἀλλ' οὐ μέντοι: *But surely I...*
ἀποκνητέον: *(I must not) shrink away*
from; + inf.; verbal adj. + εἰμί, often
with dat. agent but here with acc. as a
periphrastic form expressing obligation
τῷ λόγῳ ἐπεξελθεῖν: *to following*
through the discussion ; aor. inf.
a5 σκοπούμενον: *examining*; modifying the
understood acc. ἐμέ, "I," in a4
ἄν...ὑπολαμβάνω: *as long as I suppose*;
pres. subj. in a general temporal clause
a6 διανοῇ: *you intend*; διανοέε(σ)αι
a7 τὰ δοκοῦντα: *what seems right (to you)*
a9 Τί...διαφέρει: *What difference does this*
make to you?; τί is an inner accusative
b1 πειρῶ: *try...*; πειρά(σ)ο; pres. sg. imper.
b2 τοῦ δικαίου: *than another just (man)*
τί...πλέον ἔχειν : *to have something*
more; enclitic τι, see box on page 71
ἂν εθέλειν : *would want*; potential
b4 ἂν ἦν : *he would be*; impf. past potential
b6 τῆς..πράξεως: *than a just action?*; cf. b2

τοῦ δὲ ἀδίκου πότερον ἀξιοῖ ἂν πλεονεκτεῖν καὶ ἡγοῖτο δίκαιον εἶναι, ἢ οὐκ ἂν ἡγοῖτο;

10 Ἡγοῖτ᾽ ἄν, ἦ δ᾽ ὅς, καὶ ἀξιοῖ, ἀλλ᾽ οὐκ ἂν δύναιτο.

Ἀλλ᾽ οὐ τοῦτο, ἦν δ᾽ ἐγώ, ἐρωτῶ, ἀλλ᾽ εἰ τοῦ μὲν c δικαίου μὴ ἀξιοῖ πλέον ἔχειν μηδὲ βούλεται ὁ δίκαιος, τοῦ δὲ ἀδίκου;

Ἀλλ᾽ οὕτως, ἔφη, ἔχει.

Τί δὲ δὴ ὁ ἄδικος; ἆρα ἀξιοῖ τοῦ δικαίου πλεονεκτεῖν καὶ 5 τῆς δικαίας πράξεως;

Πῶς γὰρ οὔκ; ἔφη, ὅς γε πάντων πλέον ἔχειν ἀξιοῖ;

Οὐκοῦν καὶ ἀδίκου γε ἀνθρώπου τε καὶ πράξεως ὁ ἄδικος πλεονεκτήσει καὶ ἁμιλλήσεται ὡς ἁπάντων πλεῖστον αὐτὸς λάβῃ;

10 Ἔστι ταῦτα.

Ὧδε δὴ λέγωμεν, ἔφην· ὁ δίκαιος τοῦ μὲν ὁμοίου οὐ πλεονεκτεῖ, τοῦ δὲ ἀνομοίου, ὁ δὲ ἄδικος τοῦ τε ὁμοίου καὶ d τοῦ ἀνομοίου;

Ἄριστα, ἔφη, εἴρηκας.

Ἔστιν δέ γε, ἔφην, φρόνιμός τε καὶ ἀγαθὸς ὁ ἄδικος, ὁ δὲ δίκαιος οὐδέτερα;

5 Καὶ τοῦτ᾽, ἔφη, εὖ.

Οὐκοῦν, ἦν δ᾽ ἐγώ, καὶ ἔοικε τῷ φρονίμῳ καὶ τῷ ἀγαθῷ ὁ ἄδικος, ὁ δὲ δίκαιος οὐκ ἔοικεν;

Πῶς γὰρ οὐ μέλλει, ἔφη, ὁ τοιοῦτος ὢν καὶ ἐοικέναι τοῖς τοιούτοις, ὁ δὲ μὴ ἐοικέναι;

10 Καλῶς. τοιοῦτος ἄρα ἐστὶν ἑκάτερος αὐτῶν οἷσπερ ἔοικεν;

ἁμιλλάομαι: to contend with, compete, 2
ἀν-όμοιος, -ον: unlike, dissimilar, 5
ἅπας, ἅπασα, ἅπαν: every, quite all, 3

οὐδέτερος, -α, -ον: not either, neither of two 1
πλεῖστος, -η, -ον: most, greatest, 3
ὧδε: in this way, so, thus, 3

---

b8 Τοῦ δὲ ἀδίκου: *than/over an unjust man*; proleptic, yet another gen. comparison, here governed by πλεονεκτεῖν, see below for suitable translations for this infinitive
ἀξιοῖ ἄν: *would (the just man) deem it right*; + inf.; 3ʳᵈ sg. pres. potential opt.
ἡγοῖτο: *would (the just man) believe that*; 3ʳᵈ sg. potential opt. ἡγέομαι
b10 δύναιτο: *would be able*; present opt.
τοῦ δικαίου: *than (another) just man*
c1 εἰ...μὴ ἀξιοῖ: *whether the just man does not deem (it) right*; 3ʳᵈ sg. pres. indicative o-contract verb in an ind. question
τοῦ δὲ ἀδίκου: *but (have more) than (only) the unjust*; see the box below for alternative translations
c3 οὕτως..ἔχει: *it is in this way*; ἔχω + adv. is often translated "to be" + adj. or "it is disposed" + adv.
c4 Τί δὲ δή: *Then what about...?*; cf. 342a1
πλεονεκτεῖν: see the box below, where the verb must be translated two different ways in English to accommodate the two genitives of comparison: one a person and the other an action
c6 Πῶς γὰρ οὔκ: *how could he not?*; πῶς γὰρ expresses impossibility and surprise
ὅς γε: *since he...*; γε is causal
πάντων: *than all*; gen. comparison
c7 Οὐκοῦν: *Then,...not?*; inferential, begins

question seeking a "yes" response
καί...γε: emphasizes the intervening word
c8 ὡς..λάβῃ: *so that he may receive*; purpose clause; aor. subj. λαμβάνω
ἁμάντων: *of all*; partitive gen.
c10 Ἔστι ταῦτα: *these things are (the case)*
c11 Ὧδε δή: *in just this way*; emphatic
λέγωμεν: *let us speak*; hortatory subj.
d2 Ἄριστα: *very well*; superlative adverb
εἴρηκας: 2ⁿᵈ sg. pf. λέγω (stem ερ-)
d4 οὐδέτερα: *(is) neither*; neuter pl. where we would expect a sg. predicate
d5 Καὶ τοῦτ᾽..εὖ: *well put indeed*; "indeed (you have spoken) this well," τοῦτο
d6 Οὐκοῦν: *Then,...not?*; inferential, begins question seeking a "yes" response
καί...καί: *both...and*
ἔοικε: *he resembles, is like* + dat.
d8 Πῶς γὰρ οὐ μέλλει...ἐοικέναι: *Of course! How is one, being such, not going to be like...*; pf. inf., πῶς γὰρ, as often, expresses surpise and incredulity:
ὁ τοιοῦτος ὤν: *one being such*; pple εἰμί
d9 ὁ δὲ: *while the other (is going)...*
d10 Καλῶς: *very well*
ἑκάτερος αὐτῶν: *each of the two of them*; nom. subject
τοιοῦτος...οἷσπερ: *such as those very ones which...*

πλεονεκτεῖν

This key term, derived from the words πλέον ἔχειν, appears to have a variety of meanings that are difficult, if not impossible, to capture with a single English definition. Below are three suggested translations for the word. All three senses govern a <u>genitive of comparison</u>.

(1) to gain/have more (than) + gen.

(2) to gain/have an advantage (over) + gen.

(3) go beyond/exceed/outdo/outreach + gen.

Translations (1) through (3) are frequently used with people (cf. b9, c1, c4) whereas (3) is used for inanimate objects (τῆς δικαίας πράξεως, c5).

Ἀλλὰ τί μέλλει; ἔφη.

Εἶεν, ὦ Θρασύμαχε· μουσικὸν δέ τινα λέγεις, ἕτερον δὲ

e ἄμουσον;

Ἔγωγε.

Πότερον φρόνιμον καὶ πότερον ἄφρονα;

Τὸν μὲν μουσικὸν δήπου φρόνιμον, τὸν δὲ ἄμουσον

5 ἄφρονα.

Οὐκοῦν καὶ ἅπερ φρόνιμον, ἀγαθόν, ἃ δὲ ἄφρονα, κακόν;

Ναί.

Τί δὲ ἰατρικόν; οὐχ οὕτως;

Οὕτως.

10 Δοκεῖ ἂν οὖν τίς σοι, ὦ ἄριστε, μουσικὸς ἀνὴρ ἁρ-
μοττόμενος λύραν ἐθέλειν μουσικοῦ ἀνδρὸς ἐν τῇ ἐπιτάσει
καὶ ἀνέσει τῶν χορδῶν πλεονεκτεῖν ἢ ἀξιοῦν πλέον
ἔχειν;

Οὐκ ἔμοιγε.

15 Τί δέ; ἀμούσου;

Ἀνάγκη, ἔφη.

350 Τί δὲ ἰατρικός; ἐν τῇ ἐδωδῇ ἢ πόσει ἐθέλειν ἄν τι
ἰατρικοῦ πλεονεκτεῖν ἢ ἀνδρὸς ἢ πράγματος;

Οὐ δῆτα.

Μὴ ἰατρικοῦ δέ;

5 Ναί.

Περὶ πάσης δὴ ὅρα ἐπιστήμης τε καὶ ἀνεπιστημοσύνης
εἴ τίς σοι δοκεῖ ἐπιστήμων ὁστισοῦν πλείω ἂν ἐθέλειν
αἱρεῖσθαι ἢ ὅσα ἄλλος ἐπιστήμων ἢ πράττειν ἢ λέγειν, καὶ
οὐ ταὐτὰ τῷ ὁμοίῳ ἑαυτῷ εἰς τὴν αὐτὴν πρᾶξιν.

10 Ἀλλ᾽ ἴσως, ἔφη, ἀνάγκη τοῦτό γε οὕτως ἔχειν.

Τί δὲ ὁ ἀνεπιστήμων; οὐχὶ ὁμοίως μὲν ἐπιστήμονος

b πλεονεκτήσειεν ἄν, ὁμοίως δὲ ἀνεπιστήμονος;

αἱρέω: to seize, take; *mid.* choose, 3
ἄ-μουσος, -ον: unmusical, -cultured -refined 4
ἀν-ἐπιστημοσύνη, ἡ: ignorance, 1
ἀν-ἐπιστήμων, -ονος: ignorant, 2
ἄνεσις, -εως, ἡ: loosening, 1
ἁρμόζω: to harmonize, tune, join, adapt, 1
ἄ-φρων, -ον: unintelligent, foolish, silly, 3
δή-που: perhaps, I suppose, of course, 4
ἐδωδή, ἡ: food, meat, 1

ἐπι-στήμη, ἡ: knowledge, understanding, 3
ἐπι-στήμων, -ονος: knowledgeable, wise, 4
ἐπί-τασις, ἡ: tightening, 1
λύρα, ἡ: lyre, 2
ὅστισ-οῦν, ἥτισουν, ὅτι-οῦν: whosoever, 2
πόσις, ἡ: drink, 1
πρᾶγμα, τό: deed, act; matter, trouble, 5
χορδή, ἡ: string, gut-string, 1

---

d13 Ἀλλὰ τί μέλλει: *Well, what else is he going (to be like)*; see 349d8 above

d14 εἶεν: *Well then*

μουσικὸν..λέγεις: *do you say one man (is) a musician..and another...*; add εἶναι

ἕτερον...ἄμουσον: supply εἶναι

e3 Πότερον...πότερον: *which of the two (do you say is)...which of the two (do you say is)*; acc. governed by missing λέγεις

e6 Οὐκοῦν...κακόν: *Then (do you say that he is) good in respect to the very things (he is) intelligent and bad in respect to things (he is) unintelligent*; ἅπερ, ἅ are acc. of respect; the antecedents are missing

e8 τί δὲ ἰατρικόν: *what about a physician*; "a man of medicine"

οὐχ οὕτως (*is it) not in this way?*

e10 Δοκεῖ...ἐθέλειν: *does it seem that a musical man would be willing...*; ἄν + ἐθέλειν expresses potential

ἁρμοττόμενος λύραν: *tuning a lyre*; mid. pple ἁρμόζω

e11 μουσικοῦ ἀνδρὸς: gen. of comparison governed by πλεονεκτεῖν

e12 ἀξιοῦν: *would deem right*; o-contract inf., parallel to ἐθέλειν, supply ἄν

e15 Τί δέ;: *What?*; expressing surprise and introducing a further question

ἀμούσου: parallel to μουσικοῦ ἀνδρὸς

350a1 ἐθέλειν ἄν: *does it seem that a physican would be willing*; supply δοκεῖ from e10

τι: *at all*; inner acc. with πλεονεκτεῖν

a6 ὅρα...εἰ: *see whether...*; ὅραε sg. imper.

a7 τίς σοι...λέγειν: *any knowledgeable man whosoever seems to choose either to do or say more that what another knowledgable man (chooses) to do or say*

πλείω..ἢ ὅσα: *more..than what...* πλείονα, comparative, obj. of infinitive

a8 αἱρεῖσθαι...ἢ πράττειν ἢ λέγειν: *to choose either to do or say*

καὶ οὐ ταὐτά: *and not the same things*; τὰ αὐτά governs a dative

a9 τῷ ὁμοίῳ ἑαυτῷ: *as the one similar to himself*

εἰς...πρᾶξιν: *in regard to the same action*

a10 ἀνάγκη: *(it is) necessary*

οὕτως ἔχειν: *to be in this way*; ἔχω + adv. is "to be" + adj. or "to be disposed"

a11 τί δέ: *what about...?*

οὐχὶ...πλεονεκτήσειεν ἄν: *would...not?* aor. potential opt., οὐχὶ modifies the verb

ὁμοίως μὲν...ὁμοίως δὲ: *equally..equally*

ἐπιστήμονος: gen. comparison governed by πλεονεκτήσειεν, see box on p. 71

Ἴσως.

Ὁ δὲ ἐπιστήμων σοφός;

Φημί.

5 Ὁ δὲ σοφὸς ἀγαθός;

Φημί.

Ὁ ἄρα ἀγαθός τε καὶ σοφὸς τοῦ μὲν ὁμοίου οὐκ ἐθελήσει πλεονεκτεῖν, τοῦ δὲ ἀνομοίου τε καὶ ἐναντίου.

Ἔοικεν, ἔφη.

10 Ὁ δὲ κακός τε καὶ ἀμαθὴς τοῦ τε ὁμοίου καὶ τοῦ ἐναντίου.

Φαίνεται.

Οὐκοῦν, ὦ Θρασύμαχε, ἦν δ᾽ ἐγώ, ὁ ἄδικος ἡμῖν τοῦ ἀνομοίου τε καὶ ὁμοίου πλεονεκτεῖ; ἢ οὐχ οὕτως ἔλεγες;

15 Ἔγωγε, ἔφη.

c Ὁ δέ γε δίκαιος τοῦ μὲν ὁμοίου οὐ πλεονεκτήσει, τοῦ δὲ ἀνομοίου;

Ναί.

Ἔοικεν ἄρα, ἦν δ᾽ ἐγώ, ὁ μὲν δίκαιος τῷ σοφῷ καὶ

5 ἀγαθῷ, ὁ δὲ ἄδικος τῷ κακῷ καὶ ἀμαθεῖ.

Κινδυνεύει.

Ἀλλὰ μὴν ὡμολογοῦμεν, ᾧ γε ὅμοιος ἑκάτερος εἴη, τοιοῦτον καὶ ἑκάτερον εἶναι.

Ὁμολογοῦμεν γάρ.

10 Ὁ μὲν ἄρα δίκαιος ἡμῖν ἀναπέφανται ὢν ἀγαθός τε καὶ σοφός, ὁ δὲ ἄδικος ἀμαθής τε καὶ κακός.

Ὁ δὴ Θρασύμαχος ὡμολόγησε μὲν πάντα ταῦτα, οὐχ

d ὡς ἐγὼ νῦν ῥᾳδίως λέγω, ἀλλ᾽ ἑλκόμενος καὶ μόγις, μετὰ ἱδρῶτος θαυμαστοῦ ὅσου, ἅτε καὶ θέρους ὄντος—τότε καὶ εἶδον ἐγώ, πρότερον δὲ οὔπω, Θρασύμαχον ἐρυθριῶντα—

ἀ-μαθής, -ές: unlearned, ignorant, stupid, 3
ἀνα-φαίνω: to appear, show forth, display, 2
ἀν-όμοιος, -ον: unlike, dissimilar, 5
ἅτε: inasmuch as,, since (+ pple.), 2
εἶδον: aor. of ὁράω, to see, behold, 3
ἕλκω: to draw, drag, 1
ἐπι-στήμων, -ονος: knowledgeable, wise, 4

ἐρυθριάω: to blush, be apt to blush, turn red, 1
θαυμαστός, -ή, -όν: wonderful, marvelous, 2
θέρος, τό: summer, summertime, 1
ἱδρώς, -ῶτος, ὁ: sweat, 1
μόγις: with difficulty, reluctantly, scarcely, 4
οὔ-πω: not yet, 3

---

b3 σοφός: *(is) wise*; supply ἐστίν
b4 φημί: *I say (so)*; in assent
b7 τοῦ μὲν ὁμοίου...ἐναντίου: all gen. of comparison governed by πλεονεκτεῖν
b10 κακός τε καὶ ἀμαθής: supply ἐθελήσει πλεονεκτεῖν from above
b13 Οὐκοῦν: *Then, ...not?*; inferential, begins question seeking a "yes" response
ἡμῖν: *in our view*; dat. of reference
c4 τῷ σοφῷ καὶ ἀγαθῷ: dat. obj. of ἔοικεν
c5 ἀμαθεῖ: dat. sg. ἀμαθής
κινδυνεύει:, *it looks as though* or *it is probable*; "it runs the risk"
c7 Ἀλλὰ μὴν: *but furthermore*; "but certainly" introduces a further point
ᾧ...εἶναι: *that each (of the two) in fact is such as that to which each is like*
c10 ἡμῖν: *for us*; dat. of reference

ἀναπέφανται ὢν: *has been shown to be*; pf. pass. ἀναφαίνω, pple εἰμί
c12 δὴ: *then*; "now," connective
d1 οὐχ ὡς...ῥαδίως: *not as lightly (as)*
ἑλκόμενος: *being dragged*; pass. pple
μετὰ ἱδρῶτος θαυμαστοῦ ὅσου: *with sweat, (it is) amazing how much (there is)*; cf. θαυμαστῶς ὡς σφόδρα (331a10); the construction θαυμαστὸν ἐστι is attracted into the gen. ὅσου
d2 ἅτε...ὄντος: *since in fact...*; ἅτε + pple expresses cause from the speaker's point of view; here gen. absolute with pple εἰμί
d3 εἶδον: 1st sg. aor. ὁράω
πρότερον δὲ οὔπω: *and not yet before*; adverbial accusative

ἐπειδὴ δὲ οὖν διωμολογησάμεθα τὴν δικαιοσύνην ἀρετὴν
εἶναι καὶ σοφίαν, τὴν δὲ ἀδικίαν κακίαν τε καὶ ἀμαθίαν,
5 εἶεν, ἦν δ᾽ ἐγώ, τοῦτο μὲν ἡμῖν οὕτω κείσθω, ἔφαμεν δὲ
δὴ καὶ ἰσχυρὸν εἶναι τὴν ἀδικίαν. ἢ οὐ μέμνησαι, ὦ
Θρασύμαχε;

Μέμνημαι, ἔφη· ἀλλ᾽ ἔμοιγε οὐδὲ ἃ νῦν λέγεις ἀρέσκει,
10 καὶ ἔχω περὶ αὐτῶν λέγειν. εἰ οὖν λέγοιμι, εὖ οἶδ᾽ ὅτι
e δημηγορεῖν ἄν με φαίης. ἢ οὖν ἔα με εἰπεῖν ὅσα βούλομαι,
ἤ, εἰ βούλει ἐρωτᾶν, ἐρώτα· ἐγὼ δέ σοι, ὥσπερ ταῖς γραυσὶν
ταῖς τοὺς μύθους λεγούσαις, "εἶεν" ἐρῶ καὶ κατανεύσομαι
καὶ ἀνανεύσομαι.

5 Μηδαμῶς, ἦν δ᾽ ἐγώ, παρά γε τὴν σαυτοῦ δόξαν.

Ὥστε σοί, ἔφη, ἀρέσκειν, ἐπειδήπερ οὐκ ἐᾷς λέγειν.
καίτοι τί ἄλλο βούλει;

Οὐδὲν μὰ Δία, ἦν δ᾽ ἐγώ, ἀλλ᾽ εἴπερ τοῦτο ποιήσεις,
ποίει· ἐγὼ δὲ ἐρωτήσω.

10 Ἐρώτα δή.

Τοῦτο τοίνυν ἐρωτῶ, ὅπερ ἄρτι, ἵνα καὶ ἑξῆς διασκεψώ-
351 μεθα τὸν λόγον, ὁποῖόν τι τυγχάνει ὂν δικαιοσύνη πρὸς
ἀδικίαν. ἐλέχθη γάρ που ὅτι καὶ δυνατώτερον καὶ ἰσχυρό-
τερον εἴη ἀδικία δικαιοσύνης· νῦν δέ γ᾽, ἔφην, εἴπερ σοφία
τε καὶ ἀρετή ἐστιν δικαιοσύνη, ῥᾳδίως οἶμαι φανήσεται καὶ
5 ἰσχυρότερον ἀδικίας, ἐπειδήπερ ἐστὶν ἀμαθία ἡ ἀδικία—
οὐδεὶς ἂν ἔτι τοῦτο ἀγνοήσειεν—ἀλλ᾽ οὔ τι οὕτως ἁπλῶς,
ὦ Θρασύμαχε, ἔγωγε ἐπιθυμῶ, ἀλλὰ τῇδέ πη σκέψασθαι·
b πόλιν φαίης ἂν ἄδικον εἶναι καὶ ἄλλας πόλεις ἐπιχειρεῖν
δουλοῦσθαι ἀδίκως καὶ καταδεδουλῶσθαι, πολλὰς δὲ καὶ
ὑφ᾽ ἑαυτῇ ἔχειν δουλωσαμένην;

ἀ-μαθία, ἡ: ignorance, folly, 3
ἀνα-νεύω: to nod up and back; refuse, deny, 2
ἁπλῶς: simply, plainly, absolutely, 2
ἀρέσκω: to please, satisfy, appease (+ dat.) 3
γραῦς, γραός, ἡ: an old woman, 1
δημηγορέω: to give a public speech, 1
δια-σκέπτομαι: to examine thoroughly, 1
δι-ομο-λογέω: to agree upon; concede, 1
δόξα, ἡ: opinion, reputation, honor, glory, 2
δουλόω: to enslave, make a slave, 3
εἴπερ: if really, if in fact (to imply doubt), 5
ἑξῆς: one after another, in order, 1
ἐπι-θυμέω: to desire, long for, 2

ἰσχυρός, -ά, -όν: strong, powerful; severe, 5
καίτοι: and yet, and indeed, and further, 3
κατα-δουλόω: to enslave, reduce to slavery, 1
κατα-νεύω: to nod down in assent; approve, 2
κεῖμαι: to lie down, 4
μά: by....; in affirmation, 5
μηδαμῶς: in no way, not at all, 2
μιμνήσκω: to recall, remember, 2
μῦθος, ὁ: story, word, speech, 2
ὁποῖος, -α, -ον: of what sort or kind, 1
πῃ: in some way, somehow, 2
σεαυτοῦ, -ῆ, -οῦ: of you, of yourself, 1
τῇδε: in this way, thus, here 1

---

d4 ἐπειδὴ δὲ οὖν: *but when in any case...*; δὲ
   οὖν is used to resume after a digression
d6 Εἶεν: *Well then*
   ἡμῖν: dat. of interest
   κείσθω: *let... be estalished*; "let...be set
   down," 3rd sg. mid. imperative κεῖμαι
   δὲ δὴ καί: *but indeed also*; or "but already
   in fact" where δὴ is temporal like ἤδη
d7 μέμνησαι: 2nd sg. pf. μιμνήσκω
d9 μέμνημαι: 1st sg. pf. μιμνήσκω
   ἅ: *(the things) which*; the antecedent, the
   neuter. pl. subject of ἀρέσκει, is missing
d10 ἔχω: *I am able*; as often with infinitives
   λέγοιμι...ἄν φαίης: *should... would*; opt.
   and ἄν + opt., future less vivid condition
   οἶδ᾽: οἶδα
e1 ἤ...ἤ: *either...or*
   ἔα: *allow*; sg. imperative ἐάω
e2 βούλει: 2nd sg. pres. βούλομαι
   ἐρωτᾶν: inf. α-contract ἐρωτάω
   ἐρώτα: sg. imperative ἐρωτάω
e3 λεγούσαις: feminine dat. sg. pple λέγω
   εἶεν: *Well then*
   ἐρῶ: *I will say*; ἐρέω
e5 παρά γε: *at least (not) contrary to*; + acc.
   Ὥστε...ἀρέσκειν: *so as to*; + inf. in a
   result clause
e6 ἐπειδήπερ: *since*
   ἐᾷς: ἐάεις, 2nd sg. pres. ἐάω
e7 τί ἄλλο: *what else...?*
e8 μὰ Δία: *by Zeus*; acc. sg.
e9 ποίει: ποίεε, sg. imperative ποιέω
e10 Ἐρώτα δή: *Well, ask then!*; "just ask!,"
   δή adds strong emotion to the imperative
e11 ὅπερ: *which very thing I just (asked)*

ἵνα: *so that*; purpose clause + pres. subj.
351a1 ὁποῖόν τι: *what sort of thing*;
   introducing an indirect question
   τυγχάνει ὄν: *happen to be*; common
   translation for complementary pple εἰμί
   πρός: *in comparison to*; "with regard to"
a2 ἐλέχθη: *it was said*; 3rd sg. aor. pass.
   λέγω; this statement, however, was not
   explicitly made earlier in the dialogue
   ὅτι: *that*
a3 εἴη: *is*; in secondary sequence, an opt.
   may replace pres. indicative in indirect
   discourse; 3rd sg. pres. opt. εἰμί
   δικαιοσύνης: *than...*; gen. comparison
a4 οἶμαι: *I suppose*; parenthetical, οἴομαι
   φανήσεται: *will be shown*; fut. pass.
   καί: *in fact*
a5 ἀδικίας: *than injustice*; gen. comparison
   ἐπειδήπερ: *since*
a6 οὐδείς...ἀγνοήσειεν: *no one would still
   not recognize this*; parenthetical, aor.
   potential opt. ἀγνοέω
   οὔ τι: *not at all*
   οὕτως ἁπλῶς: *so simply*; modifying
   σκέψασθαι in contrast with τῇδε πῃ
a7 σκέψασθαι:: sg. imperative ἐάω
b1 φαίης ἄν: *would you say that it is unjust
   that a city...*; πόλιν is acc. subj. of three
   infinitives: (1) ἐπιχειρεῖν δουλοῦσθαι,
   (2) καταδεδουλῶσθαι, and (3) ἔχειν ;
   potential opt. φημί; pres. mid. inf. and pf.
   mid. inf. of an o-contract verb
   πολλάς: supply πόλεις
b3 ὑφ᾽ ἑαυτῇ ἔχειν: *hold under its control*;
   "hold beneath itself"

πῶς γὰρ οὔκ; ἔφη. καὶ τοῦτό γε ἡ ἀρίστη μάλιστα
5 ποιήσει καὶ τελεώτατα οὖσα ἄδικος.

Μανθάνω, ἔφην, ὅτι σὸς οὗτος ἦν ὁ λόγος. ἀλλὰ τόδε
περὶ αὐτοῦ σκοπῶ· πότερον ἡ κρείττων γιγνομένη πόλις
πόλεως ἄνευ δικαιοσύνης τὴν δύναμιν ταύτην ἕξει, ἢ ἀνάγκη
αὐτῇ μετὰ δικαιοσύνης;

c   Εἰ μέν, ἔφη, ὡς σὺ ἄρτι ἔλεγες ἔχει—ἡ δικαιοσύνη
σοφία—μετὰ δικαιοσύνης· εἰ δ᾽ ὡς ἐγὼ ἔλεγον, μετὰ
ἀδικίας.

Πάνυ ἄγαμαι, ἦν δ᾽ ἐγώ, ὦ Θρασύμαχε, ὅτι οὐκ ἐπινεύεις
5 μόνον καὶ ἀνανεύεις, ἀλλὰ καὶ ἀποκρίνῃ πάνυ καλῶς.

Σοὶ γάρ, ἔφη, χαρίζομαι.

Εὖ γε σὺ ποιῶν· ἀλλὰ δὴ καὶ τόδε μοι χάρισαι καὶ λέγε·
δοκεῖς ἂν ἢ πόλιν ἢ στρατόπεδον ἢ λῃστὰς ἢ κλέπτας ἢ
ἄλλο τι ἔθνος, ὅσα κοινῇ ἐπί τι ἔρχεται ἀδίκως, πρᾶξαι ἄν
10 τι δύνασθαι, εἰ ἀδικοῖεν ἀλλήλους;

d   Οὐ δῆτα, ἦ δ᾽ ὅς.

Τί δ᾽ εἰ μὴ ἀδικοῖεν; οὐ μᾶλλον;

Πάνυ γε.

Στάσεις γάρ που, ὦ Θρασύμαχε, ἥ γε ἀδικία καὶ μίση
5 καὶ μάχας ἐν ἀλλήλοις παρέχει, ἡ δὲ δικαιοσύνη ὁμόνοιαν
καὶ φιλίαν· ἦ γάρ;

Ἔστω, ἦ δ᾽ ὅς, ἵνα σοι μὴ διαφέρωμαι.

Ἀλλ᾽ εὖ γε σὺ ποιῶν, ὦ ἄριστε. τόδε δέ μοι λέγε·
ἆρα εἰ τοῦτο ἔργον ἀδικίας, μῖσος ἐμποιεῖν ὅπου ἂν ἐνῇ, οὐ
10 καὶ ἐν ἐλευθέροις τε καὶ δούλοις ἐγγιγνομένη μισεῖν ποιήσει
ἀλλήλους καὶ στασιάζειν καὶ ἀδυνάτους εἶναι κοινῇ μετ᾽
e   ἀλλήλων πράττειν;

Πάνυ γε.

ἄγαμαι: to wonder at, admire, 2
ἀνα-νεύω: to nod up in refusal; deny, 2
ἄνευ: without, 1
δια-φέρω: to differ, surpass, be superior to, 5
δοῦλος, ὁ: a slave, 1
ἐγ-γίγνομαι: to happen in; be born in, 5
ἔθνος, τό: tribe, race, people, group, 2
ἐλεύθερος, -α, -ον: free, 1
ἐμ-ποιέω: to create in, produce in, cause, 2
ἐν-ίημι: to send in, put in, implant, inspire, 1
ἐπι-νεύω: to nod assent, nod to, 1
κλέπτης, ὁ: a thief, robber, 4
λῃστής, ὁ: robber, plunderer; pirate, 1

μάχη, ἡ: battle, fight, combat, 3
μισέω: to hate, 4
μῖσος, τό: hatred, hate, 2
ὁμό-νοια, ἡ: oneness of mind, unity, 1
ὅπου: where, 3
παρ-έχω: to provide, furnish, supply, 3
στασιάζω: to rebel, revolt; quarrel, 3
στάσις, ἡ: faction, discord, 1
στρατόπεδον, τό: camp, encampment; army 3
τελειόω: to make perfect, complete, finish, 3
φιλία, ἡ: friendship, affection, love, 1
χαρίζομαι: to favor, gratify, indulge (dat.) 3

b4 Πῶς γὰρ οὔκ: *how could (I) not?*; πῶς
γὰρ confirms and expresses possibility
καὶ τοῦτό γε: *and this indeed*; i.e.
enslaving other cities; καὶ...γε very often
emphasizes intervening word
ἡ ἀρίστη: *the best city-state*; add πόλις
b5 τελεώτατα: superlative adverb.
οὖσα: fem. pple εἰμί modifying the subj.
ἄδικος: fem. nom. sg. two-ending adj.
b6 ἦν: 3rd sg. impf. εἰμί
b7 πότερον...ἤ: *whether...or*
b8 πόλεως: *than (another) city*; gen. of
comparison governed by κρείττων
ἕξει: fut. ἔχω, note the aspiration
b8 ἀνάγκη: *(is it) necessary*
b9 αὐτῇ: *for it*; i.e. the city, dat. of interest
c1 ὡς...ἔχει: *it is as...*; ἔχω + adv. is often
"it is disposed" or "to be" + adj.
c5 ἀποκρίνῃ: 2nd sg. mid. ἀποκρίνομαι
πάνυ καλῶς: *quite well*
c6 γάρ: *yes, for...*; assent and explanation
c7 Εὖ γε σὺ ποιῶν: *Yes, you do well (to
favor me)*; "doing well," pres. pple.
ἀλλὰ δή: *well now*
τόδε: *in respect to this*; acc. respect
χάρισαι: sg. imperative χαρίζομαι
c8 ἄν: with inf. δύνασθαι, repeated in c10
ἄλλο τι ἔθνος: *any other group*
ὅσα κοινῇ...ἀδίκως: *as many (groups) as
unjustly go after something*
c9 πρᾶξαι: aor. inf. πράττω

ἄν...δύνασθαι: *could*; potential inf. with
an extensive acc. subj.
τι: *anything*; object of πρᾶξαι
c10 ἀδικοῖεν: *they should*; 3rd pl. optative in a
future less vivid condition
d2 Τί δ': *what about...*
οὐ μᾶλλον;: *(would they) not be more
(able)?*
d3 Πάνυ γε: *quite so*
d4 Στάσεις: *factions*; acc. pl. joined by καὶ
with μίση and μάχας
ἥ γε ἀδικία: *injustice*
μίση: *hatreds*; μίσεα, acc. pl.
d5 ἐν ἀλλήλοις: *among one another*; with
μάχας
d6 ἦ γάρ: *is it not so?*; expressing surprise
d7 Ἔστω: *let it be so*; 3rd sg. imper. εἰμί
ἵνα: *so that...*; purpose clause with pres.
subjunctive
d8 Ἀλλ' εὖ γε σὺ ποιῶν: see c6 above
d9 τοῦτο ἔργον ἀδικίας: *this (is) the task of
injustice*; supply ἐστίν
ἐμποιεῖν: *to engender*; μῖσος in acc. obj.
ὅπου ἂν ἐνῇ: *wherever it arises*. aor. subj.
ἐνίημι
οὐ καί: *then will...not*; apodosis becomes
a question eliciting a "yes" answer
d10 μισεῖν ποιήσει ἀλλήλους: *will cause
them to hate one another*
κοινῇ...πράττειν: *to act in common*
e2 Πάνυ γε: *quite so*

Τί δὲ ἂν ἐν δυοῖν ἐγγένηται; οὐ διοίσονται καὶ μισήσουσιν καὶ ἐχθροὶ ἔσονται ἀλλήλοις τε καὶ τοῖς δικαίοις;

5 Ἔσονται, ἔφη.

Ἐὰν δὲ δή, ὦ θαυμάσιε, ἐν ἑνὶ ἐγγένηται ἀδικία, μῶν μὴ ἀπολεῖ τὴν αὑτῆς δύναμιν, ἢ οὐδὲν ἧττον ἕξει;

Μηδὲν ἧττον ἐχέτω, ἔφη.

Οὐκοῦν τοιάνδε τινὰ φαίνεται ἔχουσα τὴν δύναμιν, οἵαν, ᾧ
10 ἂν ἐγγένηται, εἴτε πόλει τινὶ εἴτε γένει εἴτε στρατοπέδῳ εἴτε
352 ἄλλῳ ὁτῳοῦν, πρῶτον μὲν ἀδύνατον αὐτὸ ποιεῖν πράττειν μεθ᾽ αὑτοῦ διὰ τὸ στασιάζειν καὶ διαφέρεσθαι, ἔτι δ᾽ ἐχθρὸν εἶναι ἑαυτῷ τε καὶ τῷ ἐναντίῳ παντὶ καὶ τῷ δικαίῳ; οὐχ οὕτως;

Πάνυ γε.

5 Καὶ ἐν ἑνὶ δὴ οἶμαι ἐνοῦσα ταὐτὰ ταῦτα ποιήσει ἅπερ πέφυκεν ἐργάζεσθαι· πρῶτον μὲν ἀδύνατον αὐτὸν πράττειν ποιήσει στασιάζοντα καὶ οὐχ ὁμονοοῦντα αὐτὸν ἑαυτῷ, ἔπειτα ἐχθρὸν καὶ ἑαυτῷ καὶ τοῖς δικαίοις· ἢ γάρ;

Ναί.

10 Δίκαιοι δέ γ᾽ εἰσίν, ὦ φίλε, καὶ οἱ θεοί;

Ἔστω, ἔφη.

b Καὶ θεοῖς ἄρα ἐχθρὸς ἔσται ὁ ἄδικος, ὦ Θρασύμαχε, ὁ δὲ δίκαιος φίλος.

Εὐωχοῦ τοῦ λόγου, ἔφη, θαρρῶν· οὐ γὰρ ἔγωγέ σοι ἐναντιώσομαι, ἵνα μὴ τοῖσδε ἀπέχθωμαι.

5 Ἴθι δή, ἦν δ᾽ ἐγώ, καὶ τὰ λοιπά μοι τῆς ἑστιάσεως ἀπο-πλήρωσον ἀποκρινόμενος ὥσπερ καὶ νῦν. ὅτι μὲν γὰρ καὶ σοφώτεροι καὶ ἀμείνους καὶ δυνατώτεροι πράττειν οἱ δίκαιοι φαίνονται, οἱ δὲ ἄδικοι οὐδὲ πράττειν μετ᾽ ἀλλήλων οἷοί

ἀμείνων, -ον: better, 5
ἀπ-εχθάνομαι: to be hated, be hateful to, 1
ἀπ-όλλυμι: to destroy, kill, ruin, 1
ἀπο-πληρόω: to fill up, satisfy (gen) 1
γένος, -εος, ὁ: family; race, stock, 1
δια-φέρω: to differ, surpass, be superior to, 5
δυνατός, -ή, -όν: capable, strong, possible, 4
δύο: two, 3
ἐγ-γίγνομαι: to happen in; be born in, 5
ἐναντιόομαι: to oppose, contradict, 1
ἔν-ειμι: to be in, 2
ἑστίασις, -εως, ἡ: a feasting, banquet, 1
εὐωχέομαι: to feed, feast on; relish, enjoy, 1

θαρσέω: to be confident, take courage, 1
θαυμαστός, -ή, -όν: wonderful, marvelous, 2
θεός, ὁ: a god, divinity, 5
λοιπός, ή, όν: remaining, the rest, 1
μισέω: to hate, 4
μῶν: surely…not? (expects 'no' reply), 1
ὁμο-νοέω: be of the same mind, agree (dat) 1
ὅστισ-οὖν, ἥτισουν, ὅτι-οὖν: whosoever, 2
στασιάζω: to rebel, revolt; quarrel, 3
στρατόπεδον, τό: camp, encampment; army 3
τοιόσδε, -άδε, -όνδε: such (as this), 5
φύω: to bring forth, beget; am by nature, 3

---

e3 Τί δὲ ἂν ἐν δυοῖν…: *whatever arises between the two*; dual dative
διοίσονται: 3rd pl. fut. mid. διαφέρω

e4 ἔσονται: 3rd pl. fut. εἰμί

e6 Ἐὰν…ἐγγένηται…ἀπολεῖ…ἕξει: ἄν + aor. subj. and fut. ind. in a future more vivid condition
δὲ δή: *but then*
ἐν ἑνὶ: *in one (of the two)*; dat. sg. εἷς
μῶν μὴ: *surely…not*; expecting a "no" answer

e7 ἀπολεῖ: *it will lose*; 3rd sg. fut. ἀπόλλυμι
αὑτῆς: *its own*; ἑαυτῆς
οὐδὲν ἧττον ἕξει: *will be no less (justice)*; ἔχω + adv. is often translated "is disposed" or "is" + adj.; ἧττον is a comparative adv. and οὐδὲν is an acc. of extent of degree

e8 μηδὲν…ἐχέτω: *let it be no less*; 3rd sg pres. imperative ἔχω

e9 Οὐκοῦν…οἵαν: *Then does it not appear to have some such force such as--in whatever it rises, whether in a city, family, military camp or whatsoever else—to make (ποιεῖν) it first unable to act with itself on account of rebelling and quarreling and furthermore (make) it be an enemy to itself and every opponent and the just?*
ᾧ: *in whichever (place)*

e10 εἴτε…εἴτε: *either…or…or*

352a1 ἄλλῳ ὁτῳοῦν: *anything whatsoever else*
πρῶτον μὲν…ἔτι δ᾽: *first…furthermore*
ποιεῖν: *to make (x) (y)*; double acc.
πράττειν: *to act*; governed by ἀδύνατον

μεθ᾽: *with*; μετά + gen.

a2 διὰ: *on account of*; + articular inf.

a3 ἑαυτῷ…δικαίῳ: governed by. ἐχθρὸν
τῷ ἐναντίῳ παντὶ: *every opponent*

a5 ἐν ἑνὶ: *in one (of the two)*; dat. sg. εἷς governed by ἐνοῦσα
ἐνοῦσα: nom. sg. fem. pres. pple ἐν-ειμί
ταὐτὰ ταῦτα: *these same things*; τὰ αὐτα

a6 πέφυκεν ἐργάζεσθαι: *it naturally produces*; pf. φύω
πρῶτον μὲν…ἔπειτα: *first…then*
πράττειν: see e9 to 352a3 below
ποιήσει: *will make (x) (y)*; double acc.

a8 ἦ γάρ: *is it not so?*;. expressing surprise
εἰσίν: *are*; 3rd pl. εἰμί

a11 ἔστω: *let it be*; 3rd sg. imperative, εἰμί

b1 ἔσται: 3rd sg. fut. εἰμί

b3 Εὐωχοῦ: *relish* or *enjoy*; + partitive gen. "feast on," εὐωχέε(σ)ο; sg. mid. imper.
τοῦ λόγου: *discussion*; partitive gen.
θαρρῶν: pres. pple θαρσέω

b4 ἵνα: *so that I not be hated to these here men;*; purpose clause with pres.
Ἴθι δή: *come now*; sg. imperative.
ἔρχομαι (εἶμι)

b5 καὶ τὰ λοιπά…ὥσπερ καὶ νῦν: *in the remaining matters also…just as even now*
ἀποπλήρωσον: *have your fill of*; aor. imperative + partitive gen.

b6 ὅτι μὲν: *now that*; ὅτι governs Socrates' summary through c8

b7 ἀμείνους: *better*; nom. pred. ἀμείνο(ν)ες
πράττειν: governed by δυνατώτεροι

b8 οἷοι τε: *are able*; "(are) capable"

c τε—ἀλλὰ δὴ καὶ οὕς φαμεν ἐρρωμένως πώποτέ τι μετ᾽
ἀλλήλων κοινῇ πρᾶξαι ἀδίκους ὄντας, τοῦτο οὐ παντάπασιν
ἀληθὲς λέγομεν· οὐ γὰρ ἂν ἀπείχοντο ἀλλήλων κομιδῇ
ὄντες ἄδικοι, ἀλλὰ δῆλον ὅτι ἐνῆν τις αὐτοῖς δικαιοσύνη,
5 ἣ αὐτοὺς ἐποίει μήτοι καὶ ἀλλήλους γε καὶ ἐφ᾽ οὓς ᾖσαν
ἅμα ἀδικεῖν, δι᾽ ἣν ἔπραξαν ἃ ἔπραξαν, ὥρμησαν δὲ ἐπὶ
τὰ ἄδικα ἀδικίᾳ ἡμιμόχθηροι ὄντες, ἐπεὶ οἵ γε παμπόνηροι
καὶ τελέως ἄδικοι τελέως εἰσὶ καὶ πράττειν ἀδύνατοι—ταῦτα
d μὲν οὖν ὅτι οὕτως ἔχει μανθάνω, ἀλλ᾽ οὐχ ὡς σὺ τὸ πρῶτον
ἐτίθεσο· εἰ δὲ καὶ ἄμεινον ζῶσιν οἱ δίκαιοι τῶν ἀδίκων καὶ
εὐδαιμονέστεροί εἰσιν, ὅπερ τὸ ὕστερον προυθέμεθα σκέψα-
σθαι, σκεπτέον. φαίνονται μὲν οὖν καὶ νῦν, ὥς γέ μοι δοκεῖ, ἐξ
5 ὧν εἰρήκαμεν· ὅμως δ᾽ ἔτι βέλτιον σκεπτέον. οὐ γὰρ περὶ τοῦ
ἐπιτυχόντος ὁ λόγος, ἀλλὰ περὶ τοῦ ὄντινα τρόπον χρὴ ζῆν.

Σκόπει δή, ἔφη.

Σκοπῶ, ἦν δ᾽ ἐγώ. καί μοι λέγε· δοκεῖ τί σοι εἶναι
ἵππου ἔργον;

e Ἔμοιγε.

Ἆρ᾽ οὖν τοῦτο ἂν θείης καὶ ἵππου καὶ ἄλλου ὁτουοῦν
ἔργον, ὃ ἂν ᾖ μόνῳ ἐκείνῳ ποιῇ τις ἢ ἄριστα;

Οὐ μανθάνω, ἔφη.

5 Ἀλλ᾽ ὧδε· ἔσθ᾽ ὅτῳ ἂν ἄλλῳ ἴδοις ἢ ὀφθαλμοῖς;

Οὐ δῆτα.

Τί δέ; ἀκούσαις ἄλλῳ ἢ ὠσίν;

Οὐδαμῶς.

Οὐκοῦν δικαίως [ἂν] ταῦτα τούτων φαμὲν ἔργα εἶναι;

10 Πάνυ γε.

353 Τί δέ; μαχαίρᾳ ἂν ἀμπέλου κλῆμα ἀποτέμοις καὶ σμίλῃ
καὶ ἄλλοις πολλοῖς;

ἅμα: at the same time; along with (dat.), 5
ἀμείνων, -ον: better, 5
ἀπ-έχω: to be distant, keep away from, 2
ἄμπελος, ἡ: vine, 1
ἀπο-τέμνω: to cut off, sever, 2
ἔν-ειμι: to be in, 2
ἐπι-τυγχάνω: to hit upon, meet, attain, reach 1
ἐρρωμένος, -η, -ον: in good health, vigorous 1
ἡμι-μόχθηρος, -ον: half-evil, half a villain, 1
κλῆμα, -ατος, τό: vine-twig, small branch, 1
κομιδῆ: absolutely, altogether, 1
μάχαιρα, ἡ: knife, large knife, 1
μήτοι: no (stronger from of μή), 1
ὅμως: nevertheless, however, yet, 3

ὁρμάω: to set in motion; set out, begin, 5
ὅστισ-οῦν, ἥτισουν, ὅτι-οῦν: whosoever, 2
οὐδαμῶς: in no way, not at all, 5
οὖς, ωτός, τό: ear, 3
ὀφθαλμός, ὁ: the eye, 4
παμ-πονηρός, -ά, -όν: utterly-depraved, 1
προ-τίθημι: to set forth before, 1
πώ-ποτε: ever yet, ever, 1
σκεπτέος, -ον: one must reflect or consider, 4
σμίλη, ἡ: carving knife, 1
τρόπος, ὁ: a manner, way; turn, direction, 4
ὕστερος, -α, -ον: later, last, 4
ὧδε: in this way, so, thus, 3

---

c1 ἀλλὰ δὴ: but then
 καὶ οὕς φαμεν...ὄντας: even (in respect
 to those) whom, though being unjust, we
 say vigorously did something at one time
 with one another; missing antecedent is
 acc. of respect; ὄντας is acc. pl. pple εἰμί
c3 ἂν ἀπείχοντο ἀλλήλων: they would not
 have kept themselves from one another;
 ἂν + impf. mid. ἀπ-έχω expresses past
 potential and governs a gen. of separation
c4 δῆλον ὅτι: clearly; "(it is) clear that"
 ἐνῆν: impf. ἐν-ειμί
 αὐτοῖς: in them; dat. of compound verb
c5 ἥ: which; nom. sg. relative pronoun
 μήτοι καὶ...γε καὶ: at least not both...
 and; γε emphasizes the preceding word
 ἐφ' οὕς ἦσαν: whom they came after; i.e.
 they pursued or attacked; impf. ἔρχομαι
c6 δι' ἥ: for which reason
 ὥρμησαν δὲ ἐπὶ τὰ ἄδικα: pursued
 unjust (deeds); "hasten after," aor ὁρμάω
c7 ἀδικίᾳ: by injustice
 ὄντες: nom. pl. pple εἰμί
 ἐπεὶ: since...
c8 τελέως...ἀδύνατοι: are completely
 incapable in fact of acting; 3rd. sg. εἰμί
 ταῦτα...ὅτι οὕτως ἔχει: that these things
 are so; proleptic; ἔχω + adv. is often
 "to be" + adj. or "to be disposed"
d2 ἐτίθεσο: proposed; impf.
 ἄμεινον: better; adverbial acc.
 τῶν ἀδίκων: than...; gen. comparison
d3 εὐδαιμονέστεροι: comparative degree
 ὅπερ: which very thing...

προυθέμεθα: we proposed; aor.
 προτίθημι or the variant προθέω
d4 σκεπτέον: we must consider; "(it is) to be
 considered (by us)," verbal adj. with form
 of εἰμί + dat. of agent (both missing here)
 καὶ νῦν: even now
 ἐξ ὧν: from the things which
d5 εἰρήκαμεν: 3rd pl. pf. λέγω (-ερ)
 ἔτι βέλτιον: still better; i.e. still more
 carefully
 οὐ γὰρ περὶ τοῦ ἐπιτυχόντος: for not
 about something we chance upon; lit.
 "chancing upon (us)," aor. ἐπιτυγχάνω
 περὶ τοῦ ὅντινα τρόπον: concerning the
 question in what way one ought to live
d6 ζῆν: inf. ζάω
d7 Σκόπει: σκόπεε, sg. imperative ε-contract
d9 ἔργον: function, task
e2 ἂν θείης: would you set forth that; 2nd sg.
 potential aor. opt. τίθημι
 ἄλλου ὁτουοῦν: of whatsoever else
e3 ἔργον, ὁ: task...(is) that which; add εἶναι
 ὃ ἂν...ποιῇ: whatever one does either
 with that (object) alone or (one does)
 best with that object; ἂν + pres. subj.
 ποιέω, dat. means and superlative adverb
e5 ἔσθ'ὅτῳ...ἄλλῳ...ἤ: is there (anything)
 else by which...than; missing antecedent
 ἂν...ἴδοις: potential aor. opt. ὁράω
e7 Τί δέ;: What (about this)?
 (ἂν) ἀκούσαις: parallel to e5; dat. pl. οὖς
353a1 ἂν...ἀποτέμοις: aor. potential opt.

Πῶς γὰρ οὔ;

Ἀλλ' οὐδενί γ' ἂν οἶμαι οὕτω καλῶς ὡς δρεπάνῳ τῷ ἐπὶ
5 τούτῳ ἐργασθέντι.

Ἀληθῆ.

Ἆρ' οὖν οὐ τοῦτο τούτου ἔργον θήσομεν;

Θήσομεν μὲν οὖν.

Νῦν δὴ οἶμαι ἄμεινον ἂν μάθοις ὃ ἄρτι ἠρώτων, πυνθαν-
10 όμενος εἰ οὐ τοῦτο ἑκάστου εἴη ἔργον ὃ ἂν ἢ μόνον τι ἢ
κάλλιστα τῶν ἄλλων ἀπεργάζηται.

Ἀλλά, ἔφη, μανθάνω τε καί μοι δοκεῖ τοῦτο ἑκάστου
b πράγματος ἔργον εἶναι.

Εἶεν, ἦν δ' ἐγώ. οὐκοῦν καὶ ἀρετὴ δοκεῖ σοι εἶναι
ἑκάστῳ ᾧπερ καὶ ἔργον τι προστέτακται; ἴωμεν δὲ ἐπὶ τὰ
αὐτὰ πάλιν· ὀφθαλμῶν, φαμέν, ἔστι τι ἔργον;
5 Ἔστιν.

Ἆρ' οὖν καὶ ἀρετὴ ὀφθαλμῶν ἔστιν;

Καὶ ἀρετή.

Τί δέ; ὤτων ἦν τι ἔργον;

Ναί.
10 Οὐκοῦν καὶ ἀρετή;

Καὶ ἀρετή.

Τί δὲ πάντων πέρι τῶν ἄλλων; οὐχ οὕτω;

Οὕτω.

Ἔχε δή· ἆρ' ἄν ποτε ὄμματα τὸ αὑτῶν ἔργον καλῶς
c ἀπεργάσαιντο μὴ ἔχοντα τὴν αὑτῶν οἰκείαν ἀρετήν, ἀλλ'
ἀντὶ τῆς ἀρετῆς κακίαν;

Καὶ πῶς ἄν; ἔφη· τυφλότητα γὰρ ἴσως λέγεις ἀντὶ τῆς
ὄψεως.
5 Ἥτις, ἦν δ' ἐγώ, αὐτῶν ἡ ἀρετή· οὐ γάρ πω τοῦτο

ἀμείνων, -ον: better, 5
ἀντί: instead of, in place of (+ gen.), 5
ἀπ-εργάζομαι: to accomplish, complete, 4
δρέπανον, τό: pruning-knife, scythe, 2
ὄμμα, -ατος, τό: the eye, 1
οὖς, ωτός, τό: ear, 3
ὀφθαλμός, ὁ: the eye, 4

ὄψις, -εως, ἡ: vision, seeing; appearance, 2
πάλιν: again, once more; back, backwards, 1
πρᾶγμα, τό: deed, act; matter, trouble, 5
πυνθάνομαι: to learn by inquiry or hearsay, 5
πω: yet, up to this time, 1
τυφλότης, -ότητος, ἡ: blindness, 1

---

a3 Πῶς γὰρ οὔ: *how could (I) not?*
a4 οὐδενί γ᾽ ἄν: *but (you would cut) with nothing*; supply ἀποτέμοις from above, here with a dat. of means parallel to a1
οἶμαι: *I suppose*; οἴομαι, parenthetical
οὕτω καλῶς ὡς: *as well as*; "so well as"
τῷ ἐπὶ τούτῳ ἐργασθέντι: *made for this (purpose)*; aor. pass. pple. ἐργάζομαι
a7 τοῦτο...ἔργον: *that this (is) the function*; of this; add εἶναι for indirect discourse or view as a double acc. construction
θήσομεν: 1st pl. fut. τίθημι
a8 μὲν οὖν: *Indeed*; expressing full assent
a9 νῦν δὴ: *now then*; δὴ is inferential
οἶμαι: *I suppose*; parenthetical, οἴομαι
ἄμεινον: comparative adverb
μάθοις: aor. potential opt. μανθάνω
ἠρώτων: 1st pl. impf. ἐρωτάω
a10 εἰ...εἴη: *whether this is*; 3rd sg. opt. εἰμί is replacing an indicative in an indirect question in secondary sequence
ἑκάστου...ἔργον: *the function of each*
ὃ...ἀπεργάζηται: *(namely) whatever something either alone or best of the others accomplishes*; ἄν + pres. subj. in a relative clause of characteristic (general relative clause); τι is the subject and κάλλιστα is a superlative adv. of καλός
a12 Ἀλλά: *but of course, I understand...*;
ἑκάστου πράγματος: *of each thing*
Εἶεν: *very well*
b2 Οὐκοῦν: *Then, ...not?*; inferential, begins question seeking a "yes" response
ἀρετὴ: *excellence*; in a general sense, not

"moral excellence" or "moral virtue"
εἶναι ἑκάστῳ: *to exist for each thing*; dat. of interest
b3 ᾧπερ: *to which*; dat. compound verb
προστέτακται: pf. pass. προστάττω
ἴωμεν...τὰ αὐτὰ πάλιν: *let us pursue the same things again*; "let us go after..." hortatory subj. ἔρχομαι (-ι)
b6 καὶ: *also*
b8 Τί δέ;: *What (about this)?*; "well then" introducing a further question
ἦν: 3rd sg. impf. εἰμί
ὤτων: gen. pl. οὖς
b10 Οὐκοῦν: *Then, ...not?*
καὶ: *also*; parallel with b6
b12 πάντων πέρι: *about all of the rest*; anastrophe, obj. of περί is πάντων; ἄλλων is partitive gen.
b14 Ἔχε δή: *consider now*; sg. imperative ἔχω, "hold (in mind) now"
τὸ αὐτῶν ἔργον: *their own task*; acc. direct object; reflexive ἑαυτῶν
ἀπεργάσαιντο: *could...accomplish...?*; aor. potential opt.
c1 μὴ ἔχοντα: *through not having*; μὴ is used with participles with conditional or concessive force
αὐτῶν οἰκείαν: *their own peculiar...*
c3 καὶ πῶς ἄν: *and, how could they (accomplish it)?*; καὶ here conveys an emotional response, often of surprise
c5 Ἥτις...ἀρετή: *whatever their excellence (is)...*

ἐρωτῶ, ἀλλ' εἰ τῇ οἰκείᾳ μὲν ἀρετῇ τὸ αὑτῶν ἔργον εὖ
ἐργάσεται τὰ ἐργαζόμενα, κακίᾳ δὲ κακῶς.

Ἀληθές, ἔφη, τοῦτό γε λέγεις.

Οὐκοῦν καὶ ὦτα στερόμενα τῆς αὑτῶν ἀρετῆς κακῶς τὸ
10 αὑτῶν ἔργον ἀπεργάσεται;

Πάνυ γε.

d   Τίθεμεν οὖν καὶ τἆλλα πάντα εἰς τὸν αὐτὸν λόγον;

Ἔμοιγε δοκεῖ.

Ἴθι δή, μετὰ ταῦτα τόδε σκέψαι. ψυχῆς ἔστιν τι ἔργον
ὃ ἄλλῳ τῶν ὄντων οὐδ' ἂν ἑνὶ πράξαις, οἷον τὸ τοιόνδε· τὸ
5 ἐπιμελεῖσθαι καὶ ἄρχειν καὶ βουλεύεσθαι καὶ τὰ τοιαῦτα
πάντα, ἔσθ' ὅτῳ ἄλλῳ ἢ ψυχῇ δικαίως ἂν αὐτὰ ἀποδοῖμεν
καὶ φαῖμεν ἴδια ἐκείνης εἶναι;

Οὐδενὶ ἄλλῳ.

Τί δ' αὖ τὸ ζῆν; οὐ ψυχῆς φήσομεν ἔργον εἶναι;

10   Μάλιστά γ', ἔφη.

Οὐκοῦν καὶ ἀρετήν φαμέν τινα ψυχῆς εἶναι;

Φαμέν.

e   Ἆρ' οὖν ποτε, ὦ Θρασύμαχε, ψυχὴ τὰ αὑτῆς ἔργα εὖ
ἀπεργάσεται στερομένη τῆς οἰκείας ἀρετῆς, ἢ ἀδύνατον;

Ἀδύνατον.

Ἀνάγκη ἄρα κακῇ ψυχῇ κακῶς ἄρχειν καὶ ἐπιμελεῖσθαι,
5 τῇ δὲ ἀγαθῇ πάντα ταῦτα εὖ πράττειν.

Ἀνάγκη.

Οὐκοῦν ἀρετήν γε συνεχωρήσαμεν ψυχῆς εἶναι δικαιο-
σύνην, κακίαν δὲ ἀδικίαν;

Συνεχωρήσαμεν γάρ.

10   Ἡ μὲν ἄρα δικαία ψυχὴ καὶ ὁ δίκαιος ἀνὴρ εὖ βιώσεται,
κακῶς δὲ ὁ ἄδικος.

ἀπ-εργάζομαι: to accomplish, complete, 4
βουλεύω: to deliberate, plan, take counsel, 2
ἐπι-μελέομαι: to take care, manage (+ dat.), 3

οὖς, ωτός, τό: ear, 3
στέρομαι: to lack, be deprived of, want, 2
τοιόσδε, -άδε, -όνδε: such (as this), 5

---

c6 τῇ οἰκείᾳ μὲν ἀρετῇ: *because of its peculiar excellence*; dat. of cause

c7 τὸ αὐτῶν ἔργον εὖ ἐργάσεται τὰ ἐργαζόμενα:: *the things working will accomplish their function well*; future ἐργάζομαι

κακίᾳ: *because of a defect*; dat. of cause in contrast with ἀρετῇ above

c9 Οὐκοῦν: *Then,…not?*; inferential, begins question seeking a "yes" response

ὦτα: *ears*; neuter acc. pl. οὖς

στερόμενα: *being deprived of*; pass. pple governs a gen. of separation

c11 Πάνυ γε: *quite so*

d1 τίθεμεν: *Do we apply…*; pres. τίθημι

καὶ τἄλλα πάντα: *and all other things*; τὰ ἄλλα

τὸν αὐτὸν λόγον: *the same principle*

d2 ῎ἴθι δή: *come now*; imperative ἔρχομαι

d3 σκέψαι: aor. imperative σκέπτομαι

d4 ὅ: *which*; acc. direct object

ἄλλῳ τῶν ὄντων οὐδ᾽ ἂν ἑνὶ: *by nothing other of the things that exist*; "by not one thing…" dat. of cause and gen. pple εἰμί; dat. sg. εἷς, note the aspiration

ἂν πράξαις: aor. potential opt. πράττω

οἷον τὸ τοιόνδε: *as for example the following*; οἷον "in respect to such," is an adverbial acc. or acc. of respect often translated as "for example"

τὸ ἐπιμελεῖσθαι…πάντα: *in respect to…*: all of the articular infinitives are acc. of respect

d6 ἔσθ᾽ ὅτῳ ἄλλῳ…ἢ ψυχῇ…ἀποδοῖμεν …φαῖμεν: *is it to anything other than to the soul we would rightly assign them and say that (they) are that one's peculiar (function)*; aor. potential opt. ἀποδίδωμι, φημί

αὐτά: *them*; i.e the infinitives in d4-6

d7 εἶναι: *that (they) are*; the acc. subject is . αὐτὰ in d6, inf. εἰμί

d8 οὐδενὶ ἄλλῳ: *to nothing other*; repetition, as often, expresses assent

d9 Τί δ᾽…τὸ ζῆν: *What in turn about living?*; articular inf. ζάω

φήσομαι: fut. φημί

d11 Οὐκοῦν: *Then,…not?*; inferential εἶναι: *exists*; ἀρετήν τινα is acc. subj.

e2 ἀπεργάσεται: *will accomplish*; fut. τῆς οἰκείας ἀρετῆς: *of its peculiar excellence*; gen. separation with pple ἀδύνατον: *or (is it) impossible*

e4 Ἀνάγκη: *(it is) necessary*

e7 Οὐκοῦν: *Then,…not?*; inferential συνεχωρήσαμεν: *we agreed*; aor. συγ-χωρέω, see 350c

e9 Συνεχωρήσαμεν γάρ: *yes, we agreed*

e10 βιώσεται: *will live*; fut. βιόω

Φαίνεται, ἔφη, κατὰ τὸν σὸν λόγον.

354 Ἀλλὰ μὴν ὅ γε εὖ ζῶν μακάριός τε καὶ εὐδαίμων, ὁ δὲ μὴ τἀναντία.

Πῶς γὰρ οὔ;

Ὁ μὲν δίκαιος ἄρα εὐδαίμων, ὁ δ᾽ ἄδικος ἄθλιος.

5 Ἔστω, ἔφη.

Ἀλλὰ μὴν ἄθλιόν γε εἶναι οὐ λυσιτελεῖ, εὐδαίμονα δέ.

Πῶς γὰρ οὔ;

Οὐδέποτ᾽ ἄρα, ὦ μακάριε Θρασύμαχε, λυσιτελέστερον ἀδικία δικαιοσύνης.

10 Ταῦτα δή σοι, ἔφη, ὦ Σώκρατες, εἱστιάσθω ἐν τοῖς Βενδιδίοις.

Ὑπὸ σοῦ γε, ἦν δ᾽ ἐγώ, ὦ Θρασύμαχε, ἐπειδή μοι πρᾷος ἐγένου καὶ χαλεπαίνων ἐπαύσω. οὐ μέντοι καλῶς γε

b εἱστίαμαι, δι᾽ ἐμαυτὸν ἀλλ᾽ οὐ διὰ σέ· ἀλλ᾽ ὥσπερ οἱ λίχνοι τοῦ ἀεὶ παραφερομένου ἀπογεύονται ἁρπάζοντες, πρὶν τοῦ προτέρου μετρίως ἀπολαῦσαι, καὶ ἐγώ μοι δοκῶ οὕτω, πρὶν ὃ τὸ πρῶτον ἐσκοποῦμεν εὑρεῖν, τὸ δίκαιον ὅτι ποτ᾽

5 ἐστίν, ἀφέμενος ἐκείνου ὁρμῆσαι ἐπὶ τὸ σκέψασθαι περὶ αὐτοῦ εἴτε κακία ἐστὶν καὶ ἀμαθία, εἴτε σοφία καὶ ἀρετή, καὶ ἐμπεσόντος αὖ ὕστερον λόγου, ὅτι λυσιτελέστερον ἡ ἀδικία τῆς δικαιοσύνης, οὐκ ἀπεσχόμην τὸ μὴ οὐκ ἐπὶ τοῦτο ἐλθεῖν ἀπ᾽ ἐκείνου, ὥστε μοι νυνὶ γέγονεν ἐκ τοῦ διαλόγου μηδὲν

c εἰδέναι· ὁπότε γὰρ τὸ δίκαιον μὴ οἶδα ὅ ἐστιν, σχολῇ εἴσομαι εἴτε ἀρετή τις οὖσα τυγχάνει εἴτε καὶ οὔ, καὶ πότερον ὁ ἔχων αὐτὸ οὐκ εὐδαίμων ἐστὶν ἢ εὐδαίμων.

ἀεί: always, forever, in every case, 2
ἄθλιος, -α, -ον: miserable, wretched, 3
ἀ-μαθία, ἡ: ignorance, folly, 3
ἀπ-έχω: to be distant, keep away from, 2
ἀπο-γεύομαι: to take a taste of (+ gen.) 1
ἀπο-λαύω: to enjoy, have enjoyment (gen.), 2
ἁρπάζω: to snatch away, carry off, 1
ἀφ-ίημι: to send forth, let go, give up, 5
βενδίδεια, τά: festival of Bendis, 1
διά-λογος, ὁ: conversation, dialogue, 1
ἐμαυτοῦ, -ῆς, -οῦ: myself, 1
ἐμ-πίπτω: to fall in, fall upon; attack, 1
ἑστιάω: to entertain, give a feast; mid. enjoy 3

εὑρίσκω: to find, discover, devise, invent, 4
λίχνος, -η, -ον: greedy; gluttonous, curious, 1
μέτριος, -α, -ον: moderate, well, fair, 2
νυνί: now; as it is, 2
ὁπότε: when, by what time, 2
ὁρμάω: to set in motion; set out, begin, 5
οὐδέ-ποτε: not ever, never, 3
παρα-φέρω: to bring forward, hand over, 1
πρᾷος, -ον: mild, gentle, soft, 1
πρίν: before (+ inf.), until, 3
σχολή, ἡ: leisure, spare time; rest, 1
ὕστερος, -α, -ον: later, last, 4
χαλεπαίνω: to be sore, angry, grievous, 2

---

e12 κατὰ...λόγον: *according to your account*
354a1 Ἀλλὰ μὴν: *but surely*; introduces an objection or, as here, resumes the discussion with a new idea or premise
ὅ γε εὖ ζῶν: *one who lives well*; "the one living well," pple ζάω
ὁ δὲ μὴ: *the one who does not (live well)*; "the one not," supply εὖ ζῶν
a2 τἀναντία: *the opposite*; τὰ ἐναντία
a3 Πῶς γὰρ οὔ: *how could he not?*; πῶς γάρ expresses impossibility and surprise
a5 Ἔστω: *let it be so*; 3rd sg. imperative εἰμί
a6 λυσιτελεῖ: *it does not pay*; "it does not profit," impersonal verb, λυσιτελέω
a9 ἀδικία: *injustice (is)*; supply ἐστίν
δικαιοσύνης: *than*...; gen. comparison
Ταῦτα...εἱστιάσθω: *Let these things complete your feast*; "have been feasted upon"; pf. pass. 3rd sg. imper., cf. 352b3
Βενδιδίοις: named for first time
a12 ὑπὸ σοῦ γε: *because of you*; governed by εἱστιάσθω, gen. of agent or cause
a13 ἐγένου: ἐγένε(σ)ο; 2nd sg. aor. γίγνομαι
ἐπαύσω: ἐπαύσα(σ)ο, 2nd sg. aor. mid. παύω with complementary participle
οὐ...καλῶς γε: *however not well indeed*
b1 εἱστίαμαι: *I have enjoyed the feast*; pf. mid. ἑστιάω
b2 τοῦ ἀεὶ παραφερομένου ἀπογεύονται: *taste something served to (them) at any time*; partitive gen.
b3 τοῦ προτέρου: *the previous (dish)*; obj. of ἀπολαῦσαι
μετρίως: *sufficiently*; "in due measure"
ἀπολαῦσαι: aor. inf. ἀπολαύω
οὕτω: marks the end of the simile

b4 πρὶν...εὑρεῖν: *before finding*; aor. inf. εὑρίσκω
τὸ πρῶτον: *at first*; adverbial acc.
τὸ δίκαιον...ἐστίν: *what in the world the just is*; proleptic, "the just, what it is"
b5 ἀφέμενος: *letting go*; aor. mid. pple ἀφίημι
ἐκείνου: *of that (inquiry)*; partitive gen. object of ἀφίημι
ὁρμῆσαι: *I seem to have set out*; aor. inf. ὁρμάω, governed by μοι δοκῶ in b3
ἐπὶ τὸ σκέψεσθαι: *for (the purpose) of examining*
b6 εἴτε...εἴτε: *whether...or*
b7 ἐμπεσόντος...λόγου...ὅτι: *when in turn the argument later fell upon (us) that...*; gen. absolute, aor. pple ἀποπίπτω
b8 τῆς δικαιοσύνης: *than justice*; gen. of comparison
ἀπεσχόμην: aor. ἀπέχω + gen.
τὸ μὴ οὐκ...ἐλθεῖν: *from pursuing this (topic)*; μή + inf. in a clause of prohibition; μή οὐκ is left untranslated; οὐκ corresponds to οὐκ in the main verb
b9 ἀπ' ἐκείνου: *from that (topic)*
νυνὶ: *just now*; "here now," deictic iota
γέγονεν: *has turned out*; pf. γίγνομαι
c1 εἰδέναι: *to know*; inf. οἶδα
ὁπότε: *when*
τὸ δίκαιον...ὅ ἐστιν: *what the just is*; "the just what it is," proleptic
εἴσομαι: *I will know*; fut. mid. οἶδα
c2 εἴτε...εἴτε: *whether...or*
οὖσα τυγχάνει: *(the just) really is*; "happens to be"; pple εἰμί
καὶ οὔ: *in fact not*; καί is adverbial

λύω, λύσω, ἔλυσα, λέλυκα, λέλυμαι, ἐλύθην: loosen, ransom

	PRESENT		FUTURE		
	Active	Middle/Pass.	Active	Middle	Passive
Primary Indiative	λύω λύεις λύει λύομεν λύετε λύουσι(ν)	λύομαι λύε(σ)αι λύεται λυόμεθα λύεσθε λύονται	λύσω λύσεις λύσει λύσομεν λύσετε λύσουσι(ν)	λύσομαι λύσε(σ)αι λύσεται λυσόμεθα λύσεσθε λύσονται	λυθήσομαι λυθήσε(σ)αι λυθήσεται λυθησόμεθα λυθήσεσθε λυθήσονται
Secondary Indicative	ἔλυον ἔλυες ἔλυε(ν) ἐλύομεν ἐλύετε ἔλυον	ἐλυόμην ἐλύε(σ)ο ἐλύετο ἐλυόμεθα ἐλύεσθε ἐλύοντο			
Subjunctive	λύω λύῃς λύῃ λύωμεν λύητε λύωσι(ν)	λύωμαι λύῃ λύηται λυώμεθα λύησθε λύωνται			
Optative	λύοιμι λύοις λύοι λύοιμεν λύοιτε λύοιεν	λυοίμην λύοιο λύοιτο λυοίμεθα λύοισθε λύοιντο	λύσοιμι λύσοις λύσοι λύσοιμεν λύσοιτε λύσοιεν	λυσοίμην λύσοιο λύσοιτο λυσοίμεθα λύσοισθε λύσοιντο	λυθησοίμην λυθήσοιο λυθήσοιτο λυθησοίμεθα λυθήσοισθε λυθήσοιντο
Imp	λῦε λύετε	λύε(σ)ο λύεσθε			
Pple	λύων, λύουσα, λύον	λυόμενος, λυομένη, λυόμενον	λύσων, λύσουσα, λῦσον	λυσόμενος, λυσομένη, λυσόμενον	λυθησόμενος, λυθησομένη, λυθησόμενον
Inf	λύειν	λύεσθαι	λύσειν	λύσεσθαι	λυθήσεσθαι

2nd sg. mid/pass -σ is often dropped except in pf. and plpf. tenses: ε(σ)αι → ῃ,ει   ε(σ)ο → ου

AORIST			PERFECT		
Active	Middle	Passive	Middle	Passive	
			λέλυκα λέλυκας λέλυκε λελύκαμεν λελύκατε λελύκασι(ν)	λέλυμαι λέλυσαι λέλυται λελύμεθα λέλυσθε λελύνται	Primary Indiative
ἔλυσα ἔλυσας ἔλυε(ν) ἐλύσαμεν ἐλύσατε ἔλυσαν	ἐλυσάμην ἐλύσα(σ)ο ἐλύσατο ἐλυσάμεθα ἐλύσασθε ἐλύσαντο	ἐλύθην ἐλύθης ἐλύθη ἐλύθημεν ἐλύθητε ἐλύθησαν	ἐλελύκη ἐλελύκης ἐλελύκει ἐλελύκεμεν ἐλελύκετε ἐλελύκεσαν	ἐλελύμην ἐλέλυσο ἐλέλυτο ἐλελύμεθα ἐλέλυσθε ἐλέλυντο	Secondary Indiative
λύσω λύσῃς λύῃ λύσῃ λύσωμεν λύσωσι(ν)	λυσώμαι λύσῃ λύσηται λυσώμεθα λύσησθε λύσωνται	λυθῶ λυθῇς λυθῇ λυθῶμεν λυθῆτε λυθῶσι(ν)	λελύκω λελύκῃς λελύκῃ λελύκωμεν λελύκητε λελύκωσι(ν)	λελυμένος ὦ — — ᾖς — — ᾖ — — ὦμεν — — ἦτε — — ὦσιν	Subjunctive
λύσαιμι λύσαις λύσαι λύσαιμεν λύσαιτε λύσαιεν	λυσαίμην λύσαιο λύσαιτο λυσαίμεθα λύσαισθε λύσαιντο	λυθείην λυθείης λυθείη λυθεῖμεν λυθεῖτε λυθεῖεν	λελύκοιμι λελύκοις λελύκοι λελύκοιμεν λελύκοιτε λελύκοιεν	λελυμένος εἴην — — εἴης — — εἴη — — εἴημεν — — εἴητε — — εἴησαν	Optative
λῦσον λύσατε	λῦσαι λύσασθε	λύθητι λύθητε		λέλυσο λέλυσθε	Imp
λύσᾱς, λύσᾱσα, λῦσαν	λυσάμενος, λυσαμένη, λυσάμενον	λυθείς, λυθεῖσα, λυθέν	λελυκώς, λελυκυῖα, λελυκός	λελυμένος, λελυμένη, λελυμένον	Pple
λῦσαι	λύσασθαι	λυθῆναι	λελυκέναι	λελύσθαι	Inf.

Adapted from a handout by Dr. Helma Dik (http://classics.uchicago.edu/faculty/dik/niftygreek)

δίδωμι, δώσω, ἔδωκα, δέδωκα, δέδομαι, ἐδόθην – to give

	Present	Imperfect	Aorist
Active	δίδωμι δίδομεν δίδως δίδοτε δίδωσιν διδόασιν	ἐδίδουν ἐδίδομεν ἐδίδους ἐδίδοτε ἐδίδου ἐδίδοσαν	ἔδωκα ἔδομεν ἔδωκας ἔδοτε ἔδωκεν ἔδοσαν
Imp	δίδου δίδοτε		δός δότε
Pple	διδούς, διδοῦσα, διδόν διδόντος, -ούσης, -όντος		δούς, δοῦσα, δόν δόντος, δούσης, δόντος
Inf.	διδόναι		δοῦναι
Middle	δίδομαι διδόμεθα δίδοσαι δίδοσθε δίδοται δίδονται	ἐδιδόμην ἐδιδόμεθα ἐδίδοσο ἐδίδοσθε ἐδίδοτο ἐδίδοντο	ἐδόμην ἐδόμεθα ἔδου ἔδοσθε ἔδοτο ἔδοντο
Imp	δίδου δίδοσθε		δοῦ δόσθε
Pple	διδόμενος, η, ον		δόμενος, η, ον
Inf.	δίδοσθαι		δόσθαι

τίθημι, θήσω, ἔθηκα, τέθηκα, τέθειμαι, ἐτέθην – to put, place

	Present	Imperfect	Aorist
Active	τίθημι τίθεμεν τίθης τίθετε τίθησι(ν) τιθέᾱσι(ν)	ἐτίθην ἐτίθεμεν ἐτίθεις ἐτίθετε ἐτίθει ἐτίθεσαν	ἔθηκα ἔθεμεν ἔθηκας ἔθετε ἔθηκε(ν) ἔθεσαν
Imp	τίθει τίθετε		θές θέτε
Pple	τιθείς, τιθεῖσα, τιθέν τιθέντος, -είσης, -έντος		θείς, θεῖσα, θέν θέντος, θεῖσα, θέντος
Inf.	τιθέναι		θεῖναι
Middle	τίθεμαι τιθέμεθα τίθεσαι τίθεσθε τίθεται τίθενται	ἐτιθέμην ἐτιθέμεθα ἐτίθεσο ἐτίθεσθε ἐτίθετο ἐτίθεντο	ἐθέμην ἐθέμεθα ἔθου ἔθεσθε ἔθετο ἔθεντο
Imp	τίθεσο τίθεσθε		θοῦ θέσθε
Pple	τιθέμενος, η, ον		θέμενος, η, ον
Inf.	τίθεσθαι		θέσθαι

ἵημι, ἥσω, ἧκα, εἷκα, εἷμαι, εἵθην: to send, release, let go

	Present		Imperfect		Aorist	
Active	ἵημι	ἵεμεν	ἵην	ἵεμεν	ἧκα	εἷμεν
	ἵης	ἵετε	ἵεις	ἵετε	ἧκας	εἷτε
	ἵησιν	ἱᾶσι	ἵει	ἵεσαν	ἧκεν	εἷσαν
Imp	ἵει	ἵετε			ἕς	ἕτε
Pple	ἱείς, ἱεῖσα, ἱέν ἵεντος, ἱείσης, ἵεντος				εἵς, εἷσα, ἕν ἕντος, εἵσης, ἕντος	
Inf.	ἱέναι				εἷναι	
Middle	ἵεμαι	ἱέμεθα	ἱέμην	ἱέμεθα	εἵμην	εἵμεθα
	ἵεσαι	ἵεσθε	ἵεσο	ἵεσθε	εἷσο	εἷσθε
	ἵεται	ἵενται	ἵετο	ἵεντο	εἷτο	εἷντο
Imp	ἵεσο	ἵεσθε			οὗ	ἕσθε
Pple	ἱέμενος, η, ον				ἕμενος, η, ον	
Inf.	ἵεσθαι				ἕσθαι	

εἰμί **(to be)**

	present		imperfect		imp.	pple	inf.
1st	εἰμί	ἐσμέν	ἦ, ἦν	ἦμεν	ἴσθι	ὤν	εἷναι
2nd	εἶ	ἐστέ	ἦσθα	ἦτε	ἔστε	οὖσα	
3rd	ἐστίν	εἰσίν	ἦν	ἦσαν		ὄν	

	subjunctive		optative	
1st	ὦ	ὦμεν	εἴην	εἷμεν
2nd	ἦς	ἦτε	εἴης	εἷτε
3rd	ἦ	ὦσιν	εἴη	εἷεν

εἷμι **(to go,** present translates as the future of ἔρχομαι)

	present		imperfect		imp.	pple	inf.
1st	εἷμι	ἴμεν	ἦα	ἦμεν	ἴθι	ἰών	ἰέναι
2nd	εἶ	ἴτε	ἤεισθα	ἦτε	ἴτε	ἰοῦσα	
3rd	εἷσι	ἴασιν	ἤειν	ἦσαν		ἰόν	

	subjunctive		optative	
1st	ἴω	ἴωμεν	ἴοιμι	ἴοιμεν
2nd	ἴης	ἴητε	ἴοις	ἴοιτε
3rd	ἴη	ἴωσιν	ἴοι	ἴοιεν

Alphabetized Core Vocabulary List
(Words 6 or More Times)

This is an alphabetized list of the running core vocabulary found at the beginning of this commentary. To use this book properly, readers should review and memorize the running core vocabulary as they read the dialogue. If they encounter a word in the text that is not found in the facing vocabulary, it is most likely in the running vocabulary and the list below.

The number of occurrences of each word in the *Republic Book I* was tabulated with the help of vocabulary tools in the Perseus Digital Library (perseus.tufts.edu).

ἀγαθός, -ή, -όν: good, brave, capable, 34
ἀγνοέω: not know, be ignorant of, 6
ἀ-δικέω: to be unjust, do wrong, injure, 16
ἀ-δικία, ἡ: wrong-doing, injustice, 28
ἄ-δικος, -ον: unrighteous, unjust, 41
ἀ-δύνατος, -ον: unable, incapable, impossible, 8
ἀκούω, ἀκούσομαι, ἤκουσα, ἀκήκοα, –, ἠκούσθην: to hear, listen to (acc., gen.), 8
ἀκριβής, -ές: exact, accurate, precise, 13
ἄκων, ἄκοῦσα, ἄκόν: unwilling, unintentionally, 6
ἀληθής, -ές: true, 28
ἀλλά: but, 141
ἀλλήλος, -α, -ον: one another, 15
ἄλλος, -η, -ο: other, one...another, 73
ἄλλως: otherwise, in another way, 8
ἁμαρτάνω, ἁμαρτήσομαι, ἤμαρτον, ἡμάρτηκα: miss the mark, make a mistake, 16
ἄν: ever; *modal adv.*, 95
ἀνάγκη, ἡ: necessity, force, constraint, 11
ἀνήρ, ἀνδρός, ὁ: a man, 15
ἄνθρωπος, ὁ: human being, 12
ἀξιόω: to think worthy, deem right, 8
ἀπό: from, away from. (+ gen.), 9
ἀπο-δίδωμι, -δώσω, ἔδωκα, δέδωκα, δέδομαι, ἐδόθην: give back, return, render, 20
ἀπο-κρίνομαι, κρινοῦμαι, ἐκρινάμην: to answer, reply, 28
ἄρα: then, therefore, it seems, it turns out, 33
ἆρα: introduces a yes/no question, 21
ἀρετή, ἡ: excellence, goodness, virtue, 27
ἀργύριον, τό: silver coin, piece of silver, 9
ἄριστος, -η, -ον: best, most excellent, 6
ἄρτι: just, exactly, 8
ἀρχή, ἡ: a beginning; rule, office, 15
ἄρχω, ἄρξω, ἦρξα, ἦρχα, ἦργμαι, ἤρχθην: to begin; rule, be leader of, 69
αὖ: again, once more; further, moreover, 9
αὐτός, -ή, -ό: -self; he, she, it; the same, 123
αὐτοῦ: at the very place, here, there, 8

βέλτιστος, -η, -ον: best, 10
βελτίων, -ον: better, 6

βίος, ὁ: life, 6
βιόω, βιώσομαι, ἐβίωσα, βεβίωκα, βεβίωμαι, –: to live, 7
βλάπτω, βλάψω, ἔβλαψα, : to hurt, harm, 19
βούλομαι, βουλήσομαι, –, –, βεβούλημαι, ἐβουλήθην: wish, be willing, choose, 16

γάρ: for, since 103
γε: at least, at any rate; indeed, 104
γῆρας, τό: old age, 12
γίγνομαι, γενήσομαι, ἐγενόμην, γέγονα, γεγένημαι, –: come to be, become, 23
Γλαύκων, ὁ: Glaucon, 10

δέ: but, and, on the other hand, 290
δεῖ: it is necessary, must, ought (+ inf.), 19
δεινός, -ή, -όν: terrible; strange, wondrous, clever , 8
δέω, δεήσω, ἐδέησα, δεδέηκα, δεδέημαι, ἐδεήθην: lack, want, need; *mid.* ask, beg, 17
δῆλος, -η, -ον: clear, evident, conspicuous, 9
δημιουργός, ὁ: a skilled workman, craftsman, 6
δῆτα: certainly, to be sure, of course, 6
διά: through (+ gen.) on account of, because of (+ acc.), 19
δίκαιος, -α, -ον: just, right, lawful, fair, 105
δοκέω, δόξω, ἔδοξα, δεδόκηκα, δέδογμαι, ἐδοκήθην: seem (good); think, suppose 50
δύναμαι, δυνήσομαι, –, –, δεδύνημαι, ἐδυνήθην: to be able, can, be capable. 14
δύναμις, -εως, ἡ: power, strength, force; faculty, capacity, 6

ἕ: se (reflexive), 49
ἐάν: εἰ ἄν, if (+ subj.), 120
ἑαυτοῦ, -ῆς, -οῦ: himself, herself, itself, themselves, 47
ἐάω, ἐάσω, εἴασα, εἴακα, εἴαμαι, εἰάθην: to allow, permit, let be, suffer, 14
ἐγώ: I, 227
ἐθέλω, ἐθελήσω, ἠθέλησα, ἠθέληκα, –, –:: to be willing, wish, desire. 19
εἰ: if, whether, 57
εἶεν: well! well now!, 9
εἰμί, ἔσομαι: to be, exist. 453
εἶπον: said, spoke (aor. λέγω, φημί), 38
εἰς: into, to, in regard to (+ acc.), 74
εἷς, μία, ἕν: one, single, alone, 7
εἴτε: either...or; whether...or, 16
ἐκ: out of, from (+ gen.), 11
ἕκαστος, -η, -ον: each, every one, 24
ἑκάτερος, -α, -ον: each of two, either, 6
ἐκεῖνος, -η, -ον: that, those, 27
ἐμός, -ή, -όν: my, mine, 9
ἐν: in, on, among. (+ dat.), 51
ἐναντίος, -α, -ον: opposite, contrary, 17
ἕνεκα: for the sake of, because of, for (+ preceding gen.), 8
ἐξ-αμαρτάνω, ἁμαρτήσομαι, ἥμαρτον, ἡμάρτηκα: to miss (the mark), fail, err, 8
ἔοικα: to be like, seem likely (dat., pf. with pres. sense), 24

ἐπεί: when, after, since, because, 17
ἐπειδάν: whenever, 6
ἔπ-ειτα: then, next, secondly, 7
ἐπί: near, at (+ gen.), to, toward (+ acc), near, at (+ dat.), 28
ἐπι-τάττω, τάττω, τάξω, ἔταξα, τέταχα, τέταμαι, ετάθην: to order, command, 6
ἐπι-χειρέω: to put one's hand on, attempt, try, 7
ἐρέω: will say, will speak, will mention (fut. of λέγω, pf. εἴρημαι), 7
ἐργάζομαι, ἐργάσομαι, ἠργασάμην, –, εἴργασμαι, ἠργάσθην: work, labor, toil, 6
ἔργον, τό: work, labor, deed, act, 21
ἔρομαι, ἐρήσομαι, ἠρόμην: to ask, question, inquire, 8
ἔρχομαι, ἐλεύσομαι, ἦλθον, ἐλήλυθα, –, –: to come, go, 29
ἐρωτάω, ἐρωτήσω, ἠρόμην, ἠρώτηκα, ἠρώτημαι, ἠρωτήθην: to ask, inquire, 15
ἕτερος, -α, -ον: one of two, other, different, 8
ἔτι: still, besides, further, 13
εὖ: well, 27
εὐ-δαίμων, -ον: happy, fortunate, blessed, 9
ἐχθρός, -ά, -όν: hated, hostile; subst. enemy, 24
ἔχω, ἕξω, ἔσχον, ἔσχηκα, ἔσχημαι, –: have, hold, possess; be able; be disposed, 47

ζάω, ζήσω, ἔζησα, : to live, 7
Ζεύς, ὁ: Zeus, 8

ἤ: or (either...or); than, 116
ἦ: in truth, truly (begins open question), 27
ἡγέομαι, ἡγήσομαι, ἡγησάμην, –, ἥγημαι, –: lead, guide; consider, think, believe 9
ἤδη: already, now, at this time, 8
ἦδος, -εος, τό: pleasure, enjoyment, delight, 8
ἠμί: I say, 100
ἥττων, -ον: less, weaker, inferior, 12

θέσις, -εως, ἡ: a placing, arranging; position, 3
Θρασύμαχος, ὁ: Thrasymachus, 45

ἰατρικός, -ή, -όν: of a physician, medical, 14
ἰατρός, ὁ: physician, doctor, 12
ἴδιος, -α, -ον: private; own's own, peculiar, 6
ἴσος, -η, -ον: equal to, the same as, like, 11
ἴσως: perhaps, probably; equally, likely, 10
ἵημι: to send, let go, release,; mid. hasten, 11
ἵνα: in order that (+ subj.); where (+ ind.), 7
ἵππος, ὁ: a horse, 11

καί: and, also, even, too, 472
κακία, ἡ: wickedness, vice, cowardice, 9
κακός, -ή, -όν: bad, base, cowardly, evil, 25
καλέω, καλέω, ἐκάλεσα, κέκληκα, κέκλημαι, ἐκλήθην: to call, summon, invite, 13
καλός, -ή, -όν: beautiful, fair, noble, fine, 13
κάμνω, καμοῦμαι, ἔκαμον, κέκμηκα, –, –: to be ill, tired, weary; toil, work, 6
κατά: down from (+ gen.), down, down along (+ acc.), 24

Κέφαλος, ὁ: Cephalus, 8
κελεύω, κελεύσω, ἐκέλευσα, κεκέλευκα, κεκελεύσομαι, ἐκελεύσθην: to bid, order, 6
κινδυνεύω, κινδυνεύσω: to risk, venture; impers. it is likely, 7
κοινῇ: in common, together, by common consent, 9
κοινός, -ή, -όν: common, ordinary; public, 10
κρείττων, -ον: better, stronger, superior, 29
κτάομαι, κτήσομαι, ἐκτησάμην, –, κέκτημαι, ἐκτήθην: to acquire, procure, get, 10
κυβερνήτης, -ου, ὁ: a helmsman, pilot, governor, 9

λαμβάνω, λήψομαι, ἔλαβον, εἴληφα, εἴλημμαι, ἐλήφθην: to take, receive, grasp, 7
λανθάνω: to escape notice of, act unnoticed, 6
λέγω, λέξω, ἔλεξα, εἴλοχα, λέλεγμαι, ἐλέχθην: to say, speak, 117
λόγος, ὁ: word, speech, discourse, argument, 41
λυσιτελέω: to pay (what is due), profit, avail, 6
λυσιτελής, -ές: profitable, useful, advantageous, 7

μακάριος, -α, -ον: blessed, happy, 7
μάλα: very, very much, exceedingly, 5
μάλιστα: most of all; certainly, especially, 7
μᾶλλον: more, rather, 11
μανθάνω: to learn, understand, 16
μέγας, μεγάλη, μέγα: big, great, important, 9
μέλλω, μελλήσω, ἐμέλλησα: to be about to, to intend to, 6
μέν: on the one hand, 94
μέντοι: however, nevertheless; certainly, 15
μετά: with (+ gen.); after (+ acc.), 13
μή: not, lest, 71
μήν: truly, surely, 12
μηδαμῶς: in no way, not at all, 2
μηδέ: and not, but not, nor, 14
μηδ-είς, μηδ-εμία, μηδ-έν: no one, nothing, 15
μίσθος, ὁ: wage, pay, hire, 13
μόνος, -η, -ον: alone, only, solitary, 8
μουσικός, -ή, -όν: musical, educated, cultured, 7

ναί: yes, yea, 14
ναῦς, νεώς, ἡ: a ship, boat, 15
ναύτης, -ου, ὁ: sailor, 8
νοῦς, ὁ: mind, intention, attention, thought, 3
νῦν: now; as it is, 26
νυν-δὴ: just now, 6

ὁ, ἡ, τό: the, 926
ὅδε, ἥδε, τόδε: this, this here, 12
οἶδα: to know (pf. with pres. sense), 27
οἰκεῖος, -α, -ον: one's own; peculiar; relatives, 9
οἴομαι, οἰήσομαι, –, –, –, ᾠήθην: to suppose, think, imagine, 46
οἷος, -α, -ον: of what sort, as, 14

ὁμο-λογέω, ὁμολογήσω, ὡμολόγησα, ὡμολόγηκα, –, ὡμολογήθην: to agree, 17
ὅμοιος, -α, -ον: like, resembling, similar, 13
ὅπως: how, in what way; in order that, that, 6
ὀρθός, -ή, -όν: straight, upright, right, 13
ὅς, ἥ, ὅ: who, which, that, 122
ὅσος, -η, -ον: as much as, as many as; all who, all that, 23
ὅσπερ, ἥπερ, ὅπερ: the very one who, very thing which, 8
ὅστις, ἥτις, ὅ τι: whoever, whichever, whatever, 89
ὅταν: ὅτε ἄν, whenever, 23
ὅτι: that; because, 75
οὐ, οὐκ, οὐχ: not, 169
οὐδ-είς, οὐδε-μία, οὐδ-έν: no one, nothing, 32
οὐδέ: and not, but not, nor, not even, 37
οὐκοῦν: therefore, then, accordingly, 25
οὖν: and so, then; at all events, 72
οὔ-τε: and not, neither...nor, 18
οὗτος, αὕτη, τοῦτο: this, these, 158
οὕτως: in this way, thus, so, 49
ὀφείλω, ὀφειλήσω, ὠφείλησα, ὠφείληκα: to owe, 14

πᾶς, πᾶσα, πᾶν: every, all, the whole, 27
παντά-πασι: all in all, altogether, absolutely, 6
πάνυ: quite, entirely, exceedingly, 36
παρά: from, at, to the side of (+ gen., dat., acc.); in respect to, 18
πάσχω, πείσομαι, ἔπαθον, πέπονθα: to suffer, experience; allow 6
πείθω, πείσω, ἔπεισα, πέποιθα, πέπεισμαι, ἐπείσθην: persuade, trust; *mid.* obey, 14
περί: around, about, concerning (+ gen., dat., acc.), 26
πλεονεκτέω: gain or have more, gain or have advantage, go beyond, exceed (gen), 11
πλέω: to sail, 6
πλεων, -ον: more, greater, 14
ποιέω, -ήσω, ἐποίησα, πεποίηκα, πεποίημαι, ἐποιήθην: to do, make, create, 52
πόλις, ἡ: a city, 16
πότερος, -α, -ον: which of the two? whether?, 15
Πολέμαρχος, ὁ: Polemarchus, 21
πολύς, πολλά, πολύ: much, many, 28
πονηρός, -ά, -όν: bad, evil; painful, grievous, 9
ποτέ: ever, at some time, once, 9
που: anywhere, somewhere; I suppose, 10
πρᾶξις, -εως, ἡ: a action, deed, transaction, business, 6
πράττω, πράξω, ἔπραξα, πέπραχα, πεπράγμαι, ἐπράχθην: to do, make, act, 19
πρός: to, towards (+ acc.), near, in addition to (+ dat.), 45
πρόσ-ήκει: it concerns, relates to; is fitting (+ dat) 7
προσ-τάττω, τάξω, έταξα, τέταχα, τέταμαι, ετάθην: order, assign, appoint (dat)8
πρότερος, -α, -ον: before, previous; earlier, 15
πρῶτος, -η, -ον: first, earliest, 11
πῶς: how? in what way?, 25

πως: somehow, in any way, 26
ῥᾴδιος, -α, -ον: easy, ready, 10

Σιμωνίδης, ὁ: Simonides, 10
σκέπτομαι, σκέψομαι, ἐσκεψάμην, ἔσκεμμαι: to consider, examine, look at, 12
σκοπέω: to look at, examine, consider (other than pres. and impf. see σκέπτομαι) 24
σός, -ή, -όν: your, yours, 16
σοφία, ἡ: wisdom, skill, judgment, intelligence, 7
σοφός, -ή, -όν: wise, skilled, 12
συγ-χωρέω, -χωρήσω: to come together; yield, concede, 6
Σωκράτης, -ους, ὁ: Socrates, 29
συμ-βαίνω, -βήσομαι, -έβην, βέβηκα, βέβαμαι, εβάθην: to happen, occur, result, 5
συμ-φέρω, -οίσω, -ήνεγκον, -ενήκοχα: to gather, collect; be useful, be expedient, 47
σῶμα, -ατος, τό: the body, 8

τε: and, both, 88
τέλεος, -α, -ον: finished, complete, perfect, last, 8
τέχνη, ἡ: art, skill, craft, 28
τίθημι, θήσω, ἔθηκα, τέθηκα, τέθειμαι, ἐτέθην: put, place, arrange, make, cause, 24
τότε: at that time, then, 13
τοί-νυν: well then; therefore, accordingly, 6
τοιοῦτος, -αύτη, -οῦτο: such, 24
τυγχάνω, τεύξομαι, ἔτυχον, τετύχηκα, –, –: to chance upon, get; happen, 8
τῷ: τίνι, dat. for to/for whom? 58

ὑπό: by, because of, from (+ gen.), under (+ dat.), 15

φαίνω, φανῶ, ἔφηνα, πέφηνα, πέφασμαι, ἐφάνθην: to show; mid. appear, seem, 25
φημί, ἐρέω, εἶπον, εἴρηκα, εἴρημαι, ἐρρήθην: to say, claim, assert, 172
φίλος, -η, -ον: dear, beloved; subst. friend, kin, 31
φίλος, -ου, ὁ: friend, relative, kin, 9
φρόνιμος, -ον: intelligent, wise, prudent, 6
φυλάττω, φυλάξω, ἔφυγον, πεφύλαχα, –, ἐφυλάχθην: keep watch, keep guard, 6

χαλεπός, -ά, -όν: difficult, hard, harmful, 6
χράομαι, χρήσομαι, ἐχρησάμην, –, κέχρημαι, ἐχρήσθην: to use, employ (+ dat.), 6
χρή: it is necessary, it is fitting; must, ought, 10
χρῆμα, -ατος, τό: thing, money, goods, 8
χρήσιμος, -η, -ον: useful, serviceable, apt, fit, 12
χρηστός, -ή, -όν: useful, good, worthy, 5

ψυχή, ἡ: breath, life, spirit, soul, 10

ὦ: O! oh! 92
ὧδε: in this way, so, thus, 3
ὡς: as, thus, so, that; when, since, 51
ὥσπερ: as, just as, as if, 21
ὥστε: so that, that, so as to, 12
ὠφέλεια, ἡ: help, aid, use, advantage, benefit, 8
ὠφελέω, ὠφελήσω, ὠφελήσα: to help, to be of use, benefit, 16

Made in the USA
Middletown, DE
14 May 2020